PODSZUN

Verlag Podszun-Motorbücher
Elisabethstraße 23-25, D-59929 Brilon
Herstellung Druckhaus Cramer, Greven
ISBN 3-86133-226-4

Coverfotos: Manfred Gihl (oben links), Michael Steinbock (oben rechts und Rückseite),
Dieter Hasemann (unten)

Jahrbuch 2000 Feuerwehr Fahrzeuge

Manfred Gihl
Neuheiten – Neue Trends bei den Feuerwehrfahrzeugen 5

Manfred Pommé
Berufsfeuerwehr Bozen Südtirol 32

Dieter Hasemann
Büssing-Nutzfahrzeuge im Dienst der Feuerwehr 39

Manfred Gihl
Das erste deutsche dreiachsige Hilfeleistungslöschfahrzeug 55

Wolfgang Rotter
Vierachsige Universallöschfahrzeuge 57

Johannes Feyrer, Peter Hartl und Klaus Maurer
Einsatzleitwagen der Sonderklasse – Der neue ELW 5 63

Jochen Thorns
KLF-Th – Eine Thüringer Spezialität 71

Jochen Thorns
Das TLF 8 – Eine Entwicklungsgeschichte 75

Dieter Hasemann
Die selbstgebauten FLF des Bremer Flughafens 83

Benno Knorr
Feuerlöschpanzer der US-Armee in Deutschland 95

Achim Schmidt
Betriebsfeuerwehren in Kriftel und Hofheim 105

Dieter Hasemann
Münchner Kindl – MAN-Feuerwehrfahrzeuge 1957 bis 1985 111

Udo Paulitz
Eigenumbauten der Feuerwehren 131

Michael Steinbock
Rosenbauer-Sonderlöschfahrzeuge in Deutschland 135

Liebe Leserin, lieber Leser!

Vor Ihnen liegt die vierte Ausgabe des 1995 erstmals erschienenen "Jahrbuch Feuerwehrfahrzeuge". Wir freuen uns sehr, Ihnen wieder eine bunte Mischung verschiedenster Artikel rund um das Thema Feuerwehrfahrzeuge in einem Jahresband anbieten zu können. Herzlich bedanken möchten wir uns an dieser Stelle für die vielen Zuschriften. Wir haben uns über Ihre Kritik und die Anregungen sehr gefreut. Dank gilt auch allen Autoren und Bildgebern. Abbildungen, die nicht von den Autoren stammen, sind übrigens jeweils mit dem Namen des Bildgebers gekennzeichnet.

Manfred Gihl, Dipl.-Ing., Hamburger Branddirektor a.D., der sich bereits mit vielen Veröffentlichungen, auch mehreren Büchern, zum Thema Feuerwehrfahrzeuge einen Namen gemacht hat, zeigt und erläutert wieder neue Trends bei den Feuerwehrfahrzeugen und rekapituliert das Erscheinen des ersten deutschen dreiachsigen Hilfeleistungslöschfahrzeuges. Dieter Hasemann, Fachjournalist und namhafter Buchautor, hat gleich für drei Themen zur Feder gegriffen: Er dokumentiert die Büssing-Nutzfahrzeuge im Dienst der Feuerwehr, erläutert die selbstgebauten FLF des Bremer Flughafens und läßt die MAN-Feuerwehrfahrzeuge von 1957 bis 1985 Revue passieren. Manfred Pommé porträtiert die Berufsfeuerwehr Bozen/Südtirol und Achim Schmidt hat sich mit den Betriebsfeuerwehren von Kriftel und Hofheim befaßt. Eine Spezialität des Schweizer Kantons Zürich sind vierachsige Universallöschfahrzeuge, die von Wolfgang Rotter beschrieben werden. Über einen Einsatzleitwagen der Sonderklasse, den neuen ELW 5, berichtet das Autorentrio Johannes Feyrer, Peter Hartl und Klaus Maurer. Jochen Thorns hat sich der Themen TLF 8 und KLF-Th angenommen. Über Feuerlöschpanzer der US-Armee in Deutschland schreibt Benno Knorr und Michael Steinbock, dessen opulentes Buch „Rosenbauer-Sonderlöschfahrzeuge in Deutschland" soeben erschienen ist, gibt eine Kostprobe aus seinem Werk. Udo Paulitz schließlich zeigt aus seinem Archiv einige interessante Eigenumbauten der Feuerwehren.

Ihnen, liebe Leserin, lieber Leser, wünschen wir viel Vergnügen mit dem Jahrbuch und nicht vergessen: das nächste Jahrbuch, die Ausgabe 2001, ist im Oktober 2000 erhältlich. Falls Sie selbst einmal für das Jahrbuch zur Feder greifen möchten, seltenes Bildmaterial zur Verfügung stellen können, Kritik oder Anregungen anbringen möchten, schreiben Sie uns bitte an untenstehende Adresse. Wir freuen uns auf den Kontakt mit Ihnen.

Ihr Redaktionsteam "Jahrbuch Feuerwehrfahrzeuge"

P.S.

Sie können das Jahrbuch in Buchhandlungen oder direkt beim Verlag auch abonnieren. Von den bisher erschienenen Ausgaben sind die Jahrgänge 1997 und 1999 noch in geringen Stückzahlen lieferbar. Fordern Sie unser kostenloses Gesamtverzeichnis an:

Verlag Podszun-Motorbücher, Elisabethstraße 23-25, D-59929 Brilon, Fax 02961 / 2508.

Neuheiten

Neue Trends bei den Feuerwehrfahrzeugen

von Manfred Gihl

Auch in diesem Jahrbuch werden wieder sowohl neue Normfahrzeuge als auch bemerkenswerte Sonderanfertigungen vorgestellt.

Daimler-Chrysler brachte unlängst drei neue Fahrgestell-Baureihen auf den Markt, die für Feuerwehrfahrzeuge in Betracht kommen: Atego, Actros und Econic. Die Atego-Reihe beginnt bei 6,5 t zulässigem Gesamtgewicht, die Actros-Reihe bei 18 t. Bei den Econic-Modellen handelt es sich nach offizieller Verlautbarung um „speziell für die Entsorgungsbranche" entwickelte Niederrahmenfahrzeuge mit außerordentlich günstigen Ein-/Ausstiegsverhältnissen. Luftfederung, Scheibenbremsen und Automatikgetriebe sind serienmäßig.

Bisher existieren auf dem Atego-Fahrgestell neben Prototypen von Löschfahrzeugen einige DLK 23-12, zwei Gerätewagen (BF Stuttgart) und ein Universallöschfahrzeug (WF Daimler-Chrysler, Rastatt); die erste Metz-DLK 23-12 auf MB 1528 Atego ging im April 1999 an die FF Alzey.

Hingegen sind 1998/99 bereits zahlreiche Actros-Fahrzeuge in Dienst genommen worden, und zwar als Wechselladerfahrzeuge, Hilfeleistungslöschfahrzeuge, TLF 24/50, Sonderlöschfahrzeuge, Rüstwagen RW 2 und bei der BF Köln als ELW 3 in Sattelschlepperbauart. Den Anfang machte Anfang 1998 die FF Pinneberg mit einem Wechselladerfahrzeug (siehe Jahrbuch 1999, Seite 16). 1999 hat die BF Düsseldorf nicht weniger als 5 Actros-Wechselladerfahrzeuge in Dienst genommen.

Zur Erkundung und für die Vermißtensuche in den ausgedehnten Waldgebieten rund um Solingen beschaffte die BF Solingen 1999 zwei Enduro-Motorräder KTM LC4. Einzylindermotor 620 cm³, Leistung maximal 50 PS

Als Dienstfahrzeuge für die Abteilung „Vorbeugender Brandschutz" beschaffte die BF Düsseldorf 1999 drei VW Lupo SDI. Für Alarmfahrten ist ein Magnet-Blaulicht vorhanden

Begreiflicherweise war man am meisten gespannt auf die technischen Lösungen beim Bau von Löschfahrzeugen auf Actros-Fahrgestellen. Die Feuerwehren Mainz und Wuppertal waren hier die Vorreiter. Ihre technischen Konzepte unterscheiden sich in einigen Punkten voneinander. Beide Aufbauten stammen von Magirus. Die Mainzer verwenden für ihre beiden HLF 24/20 die serienmäßige Kabine des Actros 1831 L und bringen daher die Mannschaft in einem besonderen Abteil innerhalb des Gerätekoffers unter. In jeden Sitz (einschließlich Beifahrersitz) ist eine PA-Halterung integriert. Die Löschmittel betragen 2000 Liter Wasser und 200 Liter Schaummittel.

Die Wuppertaler HLF-NW (Nordrhein-Westfalen) sind stärker motorisiert (Actros 1835) und besitzen einen zusammenhängenden Fahrer- und Mannschaftsraum. An Löschmitteln sind 2500 Liter Wasser und 270 Liter Schaummittel vorhanden.

Gemeinsam sind den HLF von Mainz und Wuppertal der Magirus-AluFire-Aufbau, 50-kN-Seilwinde, Stromerzeuger 9,5 kVA, Lichtmast und eine Leiterentnahmevorrichtung. Bei beiden HLF wurden gelbe Reflexfolien als Sicherheitskennzeichnung und zur Beschriftung verwendet. Das Mainzer HLF ist darüberhinaus ein sogenanntes „Folienauto".

Die BF Darmstadt ist seit Ende 1998 stolze Besitzerin der ersten DLK 23-12 auf einem Econic-Fahrgestell; weitere Drehleitern und auch Löschfahrzeuge auf diesem Sonderfahrgestell werden im Laufe des Jahres 2000 folgen.

Wiederum ist von einer Neuheit bei den Drehleitern zu berichten. Die Firma Metz entwickelte eine DLK 12-9 mit Zwei-Mann-Rettungskorb, die sich durch extrem geringe Abmessungen auszeichnet: Radstand = 3,15 Meter, Länge = 7,08 Meter, Breite = 2,30 Meter. Die FF Nördlingen in Bayern erhielt die auf MB 817 F aufgebaute Drehleiter 1998. Inzwischen gibt es eine weitere Drehleiter dieses Typs auf MAN 9.163 bei der FF Neuötting.

Im Trend scheinen gegenwärtig in Löschfahrzeuge eingebaute Anlagen nach dem „Compressed Air Foam System" (CAFS) zu liegen. Die Feuerwehren Ingolstadt und Reutlingen sind hier die Pioniere. Die BF Leipzig hat 1998 sechs Hilfeleistungslöschfahrzeuge mit CAFS-Anlagen beschafft.

Man darf gespannt sein, mit welchen Neuentwicklungen (die gerüchteweise bereits durchsickerten) die einschlägigen Hersteller auf dem „Roten Hahn" im Jahr 2000 in Augsburg aufwarten werden.

Ebenfalls als Dienstfahrzeuge für die Abteilung Vorbeugender Brandschutz besitzt die BF Essen seit 1998 zwei Citroen Saxo mit Elektroantrieb. Der Elektromotor leistet 15 kW

Die A-Klasse von Mercedes-Benz wird von der WF Daimler-Chrysler im Werk Rastatt als Einsatzleitwagen genutzt. Modell A 160 „Avantgarde"

Einsatzleitwagen ELW 1 der BF Düsseldorf, Baujahr 1998. VW T 4 syncro, 75-kW-Dieselmotor. Ausbau: Baumeister & Trabant

Einsatzleitwagen ELW 1 der BF Darmstadt, Baujahr 1998. VW T 4, 85-kW-Ottomotor. Ausbau: FFT

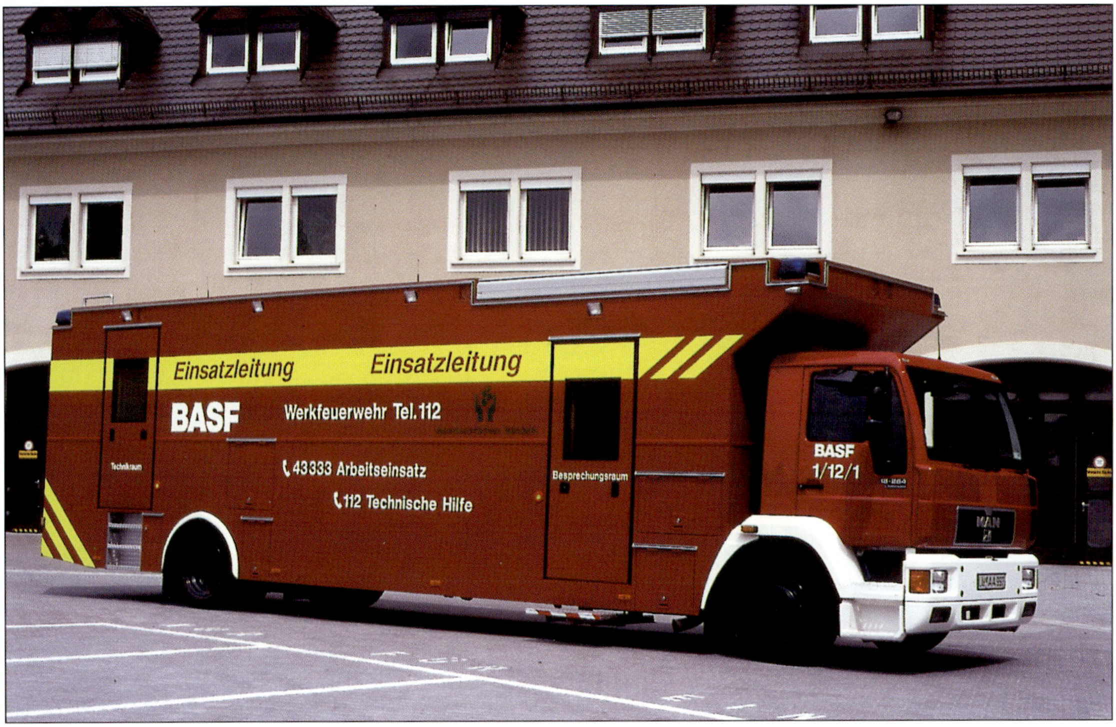

Einen in Aufbau und Ausstattung ungewöhnlichen Einsatzleitwagen nahm die WF BASF in Ludwigshafen 1998 in Betrieb. Das MAN-Fahrgestell, Typ 18.264 LLLC, hat einen auf 6870 mm verlängerten Radstand. Den Aufbau, der in Technik- und Besprechungsraum aufgeteilt ist, fertigte die Firma Krämer. Die Gesamtlänge des Einsatzleitwagens beträgt 10.905 mm

Ein neues Notarzt-Einsatzfahrzeug der BF Wuppertal auf der Basis des Volvo V 70. Leistung 103 kW bei 3800/min. Die Inneneinrichtung stammt von der Wietmarscher Ambulanz- und Sonderfahrzeug GmbH (WAS)

Dieses Tragkraftspritzenfahrzeug TSF baute Ziegler 1998 auf der Basis des serienmäßigen VW LT 35 für die FF Westerholz (Niedersachsen)

Ebenfalls auf der Basis des VW LT 35 Sdi, jedoch mit Doppelkabine und separatem Kofferaufbau, baute Schmitz 1998 dieses Tragkraftspritzenfahrzeug TSF für die FF Tiste (Niedersachsen)

1998 baute Metz dieses Löschgruppenfahrzeug LF 8/6 für die FF Kakenstorf, Samtgemeinde Tostedt (Niedersachsen). Fahrgestell MB 917 AF

Die FF Solingen erhielt 1998 ein Löschgruppenfahrzeug LF 8/6 auf MAN 8.224 LC mit Schlingmann-Aufbau

Die FF Gödenstorf-Oelstorf, Samtgemeinde Salzhausen (Niedersachsen), erhielt 1998 ein Tragkraftspritzenfahrzeug TSF-W von Schlingmann. Fahrgestell: MB 612 D

An 13 Freiwillige Feuerwehren in Hamburg wurde im März 1999 je ein Löschgruppenfahrzeug LF 16/12 in niedriger Bauart (H= ca. 3000 mm) übergeben. Fahrgestell: MAN 14.224 LA-LF, Aufbau: Ziegler

Von der Leipziger Feuerwehr sind 1998 sechs bemerkenswerte Hilfeleistungslöschfahrzeuge (S-HLF) auf MAN Fahrgestellen 8.163 LAEC beschafft worden. Sie sind sämtlich mit dem Compressed Air Foam System (CAFS) One Seven der Firma Schmitz ausgestattet. Die Feuerlösch-Kreiselpumpen sind amerikanische Darley-Pumpen (FP 10/10). Der Löschwasservorrat beträgt 1000 Liter. Die Aufbauten bestehen aus Aluminiumprofilen und -beplankungen

Eines der ersten Atego-Fahrgestelle für Feuerwehrzwecke wurde 1999 bei diesem Universallöschfahrzeug der WF Daimler-Chrysler in Rastatt benutzt. MB 1217, Aufbau von Zeich & König, Kandel. Löschmittel: 1000 Liter Schaummittel, 1000 kg Löschpulver, 9 x 30 kg CO_2

Zweimal zwei Hilfeleistungslöschfahrzeuge auf MB Actros und mit Magirus AluFire-Aufbauten – und doch verschieden! Die technischen Unterschiede der HLF 24/20 der BF Mainz (Bild oben) und der LF 24 NW der BF Wuppertal (Bild unten) sind im Kapitel erläutert

Auf dem Fahrgestell MAN 14.224 MA-LF (Gruppen-Kabine!) hat Ziegler 1998 für die FF Hude dieses Tanklöschfahrzeug TLF 16/25 gefertigt. Für die Beschriftung und sonstige Kennzeichnung wurden gelbe Reflexfolien verwendet

Dieses Tanklöschfahrzeug TLF 16/25 der FF Sottrum (Niedersachsen) besitzt einen AluFire-Aufbau von Magirus. Fahrgestell: MAN 14.224 LA-LF, Löschwasservorrat: 2900 Liter. Baujahr 1998

Die FF Eimke (Niedersachsen) erhielt 1998 ein speziell für die Waldbrandbekämpfung geeignetes Tanklöschfahrzeug TLF 16/46. Es wurde von Magirus auf dem Allradfahrgestell 135 E 23 W aufgebaut

Tanklöschfahrzeug TLF 16/24-Tr der BF Solingen auf Unimog U 1550 L, Motorleistung 177 kW bei 2600/min. Aufbau Schlingmann, Baujahr 1998. Das TLF ist zusätzlich mit Schere und Spreizer, 5-kVA-Stromerzeuger sowie der doppelten Anzahl von B- und C-Schläuchen ausgestattet

Als Vorauslöschfahrzeug dient dieser MB 312 D „Sprinter“ in Allradausführung bei der WF Daimler-Chrysler Aerospace Airbus in Hamburg. Inneneinrichtung: Firma Wille, Seevetal. Baujahr 1998

WF Daimler-Chrysler Aerospace Airbus in Hamburg nahm ebenfalls 1998 ein Hilfeleistungslöschfahrzeug in Dienst. Fahrgestell: MB 2031 A, Aufbau: Rosenbauer. Löschtechnische Einrichtungen: FP 30/10, 2600 Liter Wasser, 200 Liter Schaummittel. Rotzler Treibmatic 50 kN

Die BF Oldenburg nahm 1998 ein neues Hilfeleistungslöschfahrzeug HLF16 in Dienst. Fahrgestell: MB 1124 F, Aufbau: Ziegler. Normaldruck-/Hochdruckpumpe

Die dazu „passende" Drehleiter DLK 23-12 baute im selben Jahr Metz auf dem Fahrgestell MB 1524

Eine Neuentwicklung von Metz stellt die Drehleiter DLK 12-9 mit Zwei-Mann-Korb dar. Sie weist bei Verwendung des Fahrgestells MB 817 F einen extrem kurzen Radstand von 3150 mm und kompakte Abmessungen (L = 7080 mm, B = 2300 mm, H = 3100 mm) auf. Die erste DLK 12-9 ging 1998 an die FF Nördlingen (Bayern)

Die Gelenk-Drehleitern von Magirus sind jetzt zunehmend auch bei Berufsfeuerwehren anzutreffen. Diese DLK 23-12 Vario CC-GL auf Fahrgestell 150 E 27 nahm die BF Schwerin 1998 in Dienst

Die BF Hannover nahm 1998 ihre erste Metz-Drehleiter DLK 23-12 mit zusätzlicher Nachlauflenkachse (Hüffermann) in Dienst. Das modifizierte Fahrgestell MB 1124 F entspricht technisch der Frankfurter Drehleiter von 1995

Die 1998 von Metz an die BF Darmstadt gelieferte Drehleiter DLK 23-12 PLC III ist die erste, für die das neue MB-Econic-Fahrgestell (Typ 1828 L) benutzt wurde. Es verfügt über Luftfederung und Scheibenbremsen und zeichnet sich durch niedrige Rahmenhöhe und demgemäß niedrige Kabinen-Einstieghöhe (nur eine Stufe!) aus. Zur Verringerung des Wendekreises wurde eine Nachlauflenkachse von Jung eingebaut

Der Flughafen Münster-Osnabrück besitzt seit 1998 ein „TLF 28/35-5 TMB", ein kombiniertes Tanklöschfahrzeug/30-m-Teleskopmastbühne. Fahrgestell: MAN 33.403 DFALC (6x6), Aufbau: Ziegler. Löschmittel: 3500 Liter Wasser, 500 Liter Schaummittel. Bronto Skylift F 32 MDT 2000

Diesen auf ihre speziellen Bedürfnisse zugeschnittenen Gerätewagen GW-G ließ die WF Boehringer, Ingelheim, 1998 von Rosenbauer bauen. Hierfür wurde erstmals das Volvo-Fahrgestell FH 12 4 X 2R (6x2/2) verwendet, dessen Dieselmotor 309 kW (420 PS!) leistet. Die wichtigsten Einrichtungen: Vakuumanlage (Tankinhalt 1700 Liter), Generator 63 kVA, Stickstoffgasanschluß zur Inertisierung

Einen neuen Rüstwagen RW 1 beschaffte die FF Hanau 1998. Fahrgestell: MB 917 AF, Aufbau: Magirus AluFire. HPC-Winde 50 kN

Die FF Geesthacht (Schleswig-Holstein) erhielt 1998 einen neuen Rüstwagen RW 2. Er wurde von Schlingmann auf MB 1224 AF gebaut

Erstmalig wurde ein MB-Fahrgestell der neuen Actros-Baureihe, Typ 1831 A, für einen Rüstwagen RW 2 verwendet. Die BF Herne ließ ihn 1998 mit einem AluFire-Aufbau von Magirus versehen. Besonderheiten: zwei Lichtmasten (Stemlite und Q-Lite), Bedienungsstand des Generators am Heck

Ein Rüstwagen RW-U in besonderer Aufbautechnik von Zikun: MB Unimog U 2400 TG, Motorleistung 177 kW. Einrichtungen: Werner-Seilwinde 50 kN, Generator 20 kVA, Lichtmast 2 x 1000 W, Ladebordwand von Dautel. Baujahr 1998, Standort: WF Daimler-Chrysler, Gaggenau

Aller guten Dinge sind drei: Die BF Wuppertal vervollständigte 1998 ihren Fahrzeugbestand für Umweltschutzeinsätze (1997: GW-Öl, 1998: Ölspur-Wasch- und Saugfahrzeug) mit einem Gerätewagen GW-U. Fahrgestell: Iveco EuroCargo 75 E 14, Aufbau: Hensel

Im Landkreis Rotenburg/Wümme (Niedersachsen) sind zwei spezielle Rüstwagen RW 1 mit der zusätzlichen Beladung des genormten GW-G1 stationiert. Sie verfügen über Rotzler Treibmatic 50 kN, Generator 20 kVA und Lichtmast. Den Aufbau fertigte die Firma Borco-Höhns/Rotenburg. Das Bild zeigt den RW 1-GW-G1 der FF Sottrum, Baujahr 1998

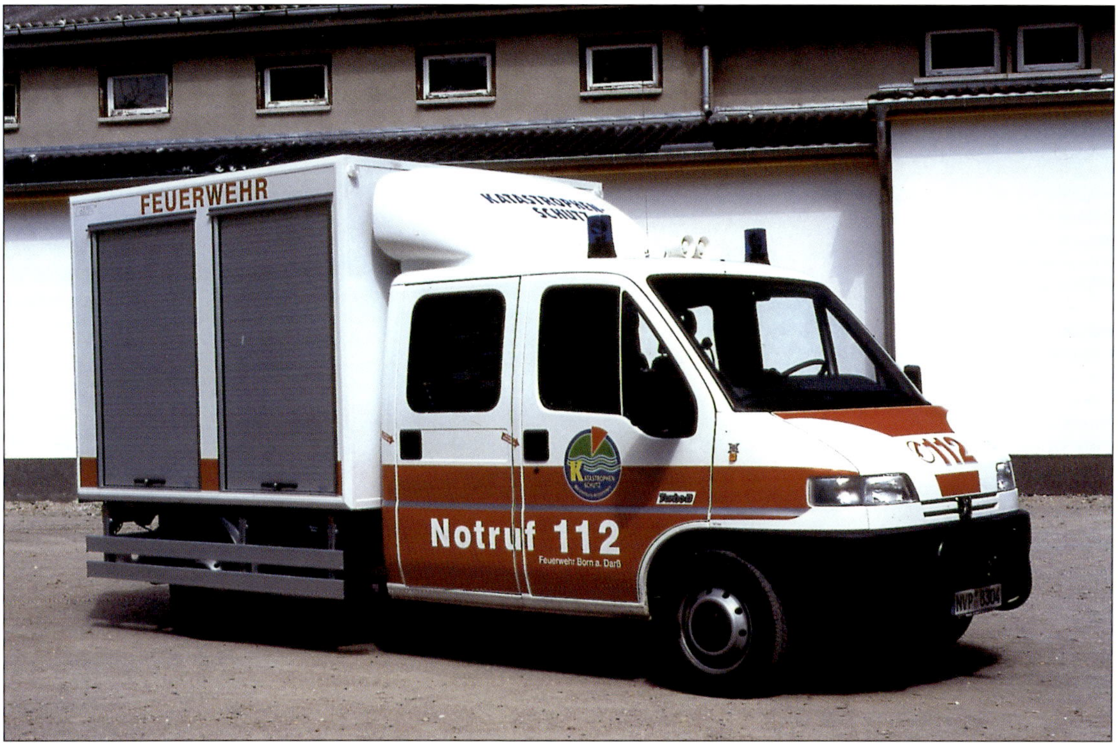

Der GW-Wasserrettung, den das Land Mecklenburg-Vorpommern 1998 der FF Born a.d. Darß zur Verfügung stellte, ist von Binz/Ilmenau auf dem bei Feuerwehren sehr seltenen allradgetriebenen Fahrgestell Peugeot 230 D Turbo aufgebaut. Er dient auch als Zugfahrzeug für einen Bootsanhänger mit Kleinboot von Lehmar (2 Mercury-Motoren je 40 PS)

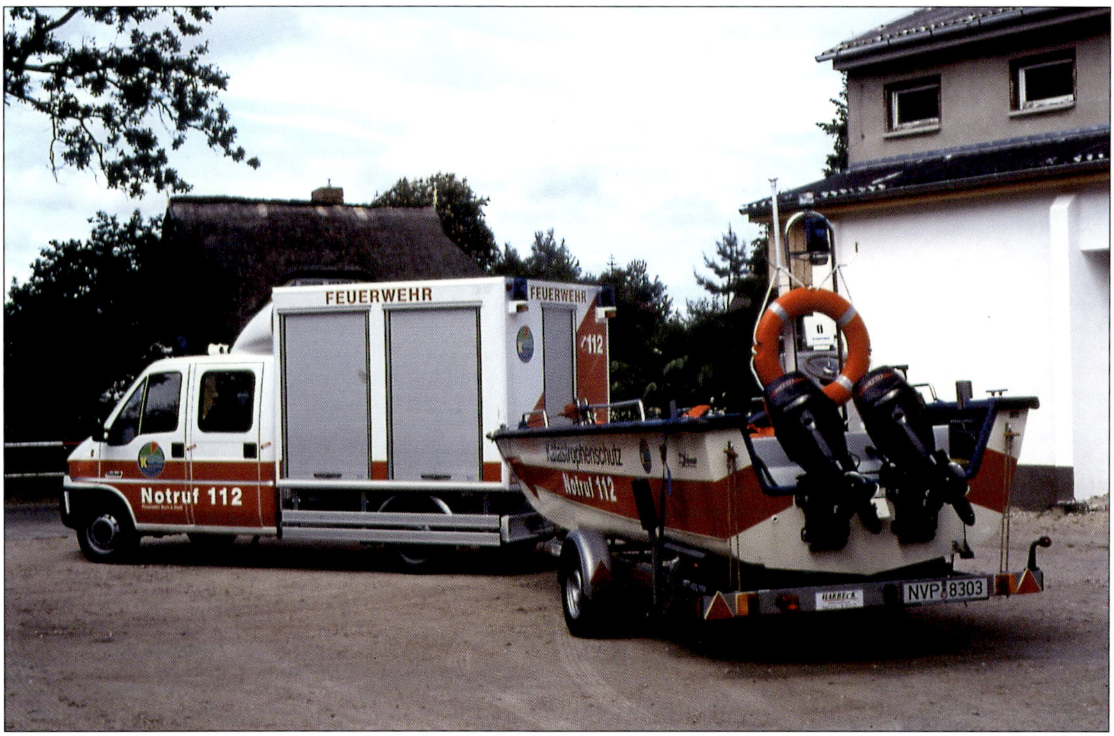

Kranfahrzeuge der Firma Liebherr erfreuen sich bei den Feuerwehren großer Beliebtheit. Anfang 1999 nahm die BF Solingen ihren LTM 1040 in Betrieb

Ihren 1998 beschafften Kranwagen auf MAN-Fahrgestell 27.343 DFAC (6x6) bezeichnet die BF Wolfsburg offiziell als Bergefahrzeug (BFZ). Seine Beladung entspricht etwa dem RW 2. Die Atlas-Kraneinrichtung, Typ AK 6500 T, hat eine Hubkraft von maximal 12000 kg bei 2,50 m Ausladung. Der Aufbau stammt von Zikun. Die HPC-Winde hat eine Zugkraft von 100 kN (nach vorn), bzw. 200 kN (nach hinten)

Die FF Ulm erhielt 1999 dieses Wechselladerfahrzeug auf der Basis des MB 1824 mit Meiller-Wechseleinrichtung. Wie alle neuen Einsatzfahrzeuge ist es mit gelben Reflex-Folien gekennzeichnet

Die BF Düsseldorf setzt bei der Erneuerung ihrer Wechsellader-Flotte auf MB Actros. 1999 wurden fünf MB 1831 mit Atlas-Wechselladereinrichtung beschafft

Der Flughafen Münster-Osnabrück verfügt seit 1998 über ein Wechselladerfahrzeug zum Transport des ebenfalls neu beschafften AB-Rett (Heines) für Großunfälle. Als Trägerfahrzeug wurde ein MAN, Typ 33.463 DFAC (6x6), gewählt. Die Wechselladereinrichtung stammt von Atlas. Weitere Ausstattungen: Atlas-Kran (Tragkraft maximal 7200 kg bei 3,30 m Ausladung) und Rotzler Treibmatic 50 kN

Eine andere Art von „Wechselladerfahrzeugen" bevorzugt die WF Boehringer in Ingelheim. Sie hat sich aus räumlichen Gründen für Niederflurförderfahrzeuge (NFF) entschieden. Dieses NFF auf Basis des MB Unimog U 1400 T wurde 1998 angeschafft. Den Umbau nahm die auf derartige Nutzfahrzeuge spezialisierte Firma Ruthmann vor. Das NFF besitzt außerdem einen Hiab-Ladekran, der maximal 2300 kg bei 1,40 m Ausladung heben kann

Erstmalig wurde in Deutschland ein Fahrgestell von Scania, Typ R 144 GB (6x2/2) als Wechselladerfahrzeug genutzt. Die WF Degussa in Hanau nahm es 1999 in Dienst. Wechselladereinrichtung: Meiller. Der Abrollbehälter „Schaum" enthält je 2000 Liter Mehrbereichs- und alkoholbeständiges Schaummittel, 7x60 Liter Expyrol, 17x20 Liter Komet Extrakt, Schaum-/Wasserwerfer, TS 8/8 und zwei Leichtschaumgeräte LG 200

Wechselladerfahrzeug der Feuerwehrtechnischen Zentrale des Landkreises Harburg. Trägerfahrgestell: Iveco EuroCargo 180 E 18, Wechselladereinrichtung: Multilift. Baujahr 1998. Den AB „Gerätewagen" baute Firma Wille, Seevetal

Die Deutsche Bahn AG stellte Anfang 1999 der FF Zella-Mehlis (Thüringen) das erste einer Serie von HLF 24/16-Schiene zur Verfügung. Im Bereich dieser Wehr befindet sich der drei Kilometer lange Brandleite-Tunnel. Fahrgestell: EuroCargo 190 EH 30, Aufbau: Magirus. Löschtechnische Einrichtungen: FP 24/8, 1600 Liter Wasser. Technische Einrichtungen: Generator 12,5 kVA, HPC-Winde 50 kN, Lima 2x1000 W, Ladeplattform am Heck

Als Ersatz ihres RW-Schiene von 1975 stellte die BF Bonn 1998 einen neuen, von Rosenbauer auf MAN 19.293 aufgebauten RW-S in Dienst. Rotzler-Seilwinde 50 kN (Zug nach vorn) bzw. 100 kN (Zug nach hinten). Ladeplattform am Heck

Ihren dritten Z 8 von Ziegler nahm die Flughafenfeuerwehr Erfurt 1999 in Betrieb. Er führt an Löschmitteln 11.000 Liter Wasser, 1100 Liter Schaummittel und 1000 kg Pulver mit. Außerdem ist eine Rotzler-Seilwinde 80 kN eingebaut

Der Prototyp des Z 6 von Ziegler, ein dreiachsiges Flugfeldlöschfahrzeug auf MB 321000 (6x6), besitzt ein hydromechanisches Antriebskonzept. Mit seinem V8-Motor (515 kW) und V6-Motor 250 kW) ist Fahrbetrieb sowohl einzeln als auch zusammen möglich, gleiches gilt für den Pumpenantrieb. Löschmittel: 8000 Liter Wasser, 1000 Liter Schaummittel

Berufsfeuerwehr Bozen Südtirol

Der Fahrzeugbestand einer starken Mannschaft

Wagen Nr. 9: Der erste Audi A4 TDI quattro, Motorleistung: 81 kW Diesel, Baujahr 1998, bei der BF Bozen

von Manfred Pommé

Bozen, nicht nur die Hauptstadt von Südtirol mit über 100.000 Einwohnern und einer herrlichen Aussicht auf die Berge. Bozen auch eine Stadt mit einer starken Berufsfeuerwehr, unter der Leitung von Kommandant Dr. Ing. E. Preyer und seiner Mannschaft. Der Fahrzeugbestand wird ständig dem neuesten Bedarf angepaßt. Bedingt durch die Erweiterung des Flughafens Bozen (In 90 Minuten Flugzeit täglich von Frankfurt nach Bozen) ist für das Jahr 2000 ein weiteres FLF zusätzlich zu der normalen Fuhrparkerneuerung geplant. In letzter Zeit ist zu bemerken, daß immer mehr MAN-Trägerfahrzeuge bei der BF Bozen angeschafft werden. Eine Besonderheit ist die zweisprachige Fahrzeugbeschriftung deutsch und italienisch, welches auch für die Mannschaft Bedingung ist, in Sprache und Schrift.

Wagen Nr. 25: Mercedes Sprinter, Oelwehrfahrzeug, Antrieb: Hinterachse, Radstand: 3550 mm, Motorleistung: 90 kW Diesel, Ausbau: Rosenbauer, Baujahr 1999

Wagen Nr. 26: VW T 4 für kleine technische Hilfeleistungen, Motorleistung: 75 kW Diesel (2,5 TDI), Ausbau: Rosenbauer, Baujahr 1999

Wagen Nr. 27: VW LT, Mannschaftstransportfahrzeug, Antrieb: Hinterachse, Radstand: 3550 mm, Motorleistung: 75 kW Diesel (2,5 TDI), Baujahr 1999

Wagen Nr. 56:
MAN 26.463 F 2000
Antrieb: (6x4)
Radstand: 4075/1400 mm
Baujahr 1998
Kranhersteller/Typ: HIAB/155/4
Hublast/Ausladung: 6,2 t/2,1 m
max. Ausladung: 1,06 t/11,8 m

Wagen Nr. 57:
Zugmaschine für
Tankauflieger und Tieflader
Tieflader Nr. R 53:
Hersteller: Goldhofer
Baujahr 1998
Tragkraft: 26.000 kg
Länge normal: 13.350 mm
Länge max.: 19150 mm
Transport Radlader und
Container usw.

Wagen Nr. 57:
Zugmaschine für
Tankauflieger und Tieflader
Tankauflieger Nr. R 52:
Tankinhalt: 30.000 l
Hersteller: Fa. Acram, Verona

Wagen Nr. 34 (alt),
Kranwagen 32:
Cristanini TG 400
Antrieb: (6x4)
Motorleistung: 260 PS
Kranhersteller:
Cristanini, Verona
Hublast/Ausladung: 32 t/3 m
6 t/10 m,
max. Ausladung: 1,5 t/17 m
Fahrzeughöhe: 3,3 m
Gewicht: 30 t

Wagen Nr. 35 (neu),
Kranwagen 50:
Hersteller: Liebherr
Antrieb: (8x6)
Motorleistung: 260 kW
Baujahr 1992
Hublast/Ausladung: 50 t/3 m
14,9 t/10 m,
max. Ausladung: 2,6 t/28 m
Fahrzeughöhe: 3,55 m
Gewicht: 42 t

Wagen Nr. 35 (alt),
Kranwagen 50:
Cristanini TG 697,
Antrieb: (8x4)
Hersteller: Cristanini, Verona

Wagen Nr. 34, Kranwagen 75: MAN 41.463 Allrad, Antrieb: (8x8), Motorleistung: 388 kW, Baujahr 1997, Kranhersteller: Eurogru Amici (Ferrara), Hublast/Ausladung: 75 t/3 m, 12,2 t/10 m, max. Ausladung: 4,1 t/20 m, Fahrzeughöhe: 3,7 m, Gewicht: 32 t

Macmoter (Klein-Bagger): Motorleistung: 18,4 kW Diesel, Hersteller: macmoter

Radlader Cat IT 2813: Motorleistung: 85 kW Diesel, Materialbeseitigung/-bewegung in Notsituationen

Büssing-Nutzfahrzeuge

Im Dienste der Feuerwehr

von Dieter Hasemann

Seit beinahe 30 Jahren existiert die Firma Büssing nicht mehr als eigenständige LKW-Marke. Doch der Mythos lebt nach wie vor, und die legendären Braunschweiger Lastwagen haben mittlerweile einen regelrechten Kultstatus erreicht. Kein Nutzfahrzeugtreffen kommt ohne die imposanten Langhauber aus den 50er Jahren aus. Immer mehr alte Laster werden zumeist im Ausland aufgespürt, restauriert und einer wachsenden Schar von begeisterten Büssing-Fans vorgeführt. Eher bescheiden ist es da um alte Büssing-Feuerwehrfahrzeuge bestellt. Ist von ihnen die Rede, fragen die meisten erstaunt: Hat es denn außerhalb Braunschweigs überhaupt welche gegeben? Es gab sie tatsächlich. Zwar waren es nicht sehr viele, aber doch mehr als man gemeinhin denkt und als bekannt sind. Rund 90 Büssing-Feuerwehrfahrzeuge (inklusive Umbauten) dürften zwischen 1908 und 1969 für deutsche Feuerwehren gebaut worden sein. Allerdings beschränkte sich ihre Verbreitung im Wesentlichen auf zwei Regionen: das südliche Niedersachsen und Sachsen. Dabei kann man feststellen, daß es in den Jahren nach 1945 nur noch einige wenige, hauptsächlich umgebaute Büssing-LKW gab, die als Feuerwehrfahrzeuge Verwendung fanden. Vielen dürfte auch nicht bekannt sein, daß die Berufsfeuerwehr Köln der letzte große Büssing-Kunde gewesen ist.

Nachdem Heinrich Büssing mit seinen Söhnen 1903 eine Lastwagenfabrik gegründet hatte, begann ab 1904 eine rege Produktion selbstkonzipierter Lastwagen- und Omnibuschassis, die aufgrund solider Handwerksarbeit die Marke Büssing schon bald zu einem Qualitätsbegriff machten. Und es dauerte auch nicht sehr lange, bis das erste Büssing-Feuerwehrfahrzeug bestellt wurde. 1907 erwog die Braunschweiger Feuerwehr, Versuche mit benzingetriebenen Automobilen durchzuführen. Das war keineswegs selbstverständlich, wenn man berücksichtigt, daß die wenigen zu dieser Zeit bereits motorisierten europäischen Feuerwehren beinahe ausnahmslos mit Dampf- oder Elektroantrieb zum Einsatzort fuhren. Die Feuerwehren hatten damals noch erhebliche Bedenken gegen die Verbrennungsmotoren.

1910 erhielt die BF Braunschweig die erste Drehleiter auf einem Büssing-Motorfahrgestell. Die Magirus-Holzdrehleiter hatte eine Steighöhe von 23+3 m
Foto: Iveco-Magirus

Eine der beiden Büssing-Motorspritzen der BF Braunschweig, 1912 von der Feuerwehr selbst aufgebaut. Gut erkennbar ist der damals noch weit verbreitete Kettenantrieb der Hinterachse Foto: Archiv Gihl

Heinrich Büssing gelang es jedoch, die Braunschweiger Feuerwehrführung von den Vorzügen seiner Lastwagen zu überzeugen, und so wurde das erste Automobil geordert. 1908 stellte die Feuerwehr die sogenannte Gasspritze auf dem Büssing-Dreieinhalbtonner in Dienst. Das Fahrzeug verfügte sogar über einen kleinen Löschwassertank mit etwa 425 l bis 450 l Inhalt und war damit eines der allerersten Tanklöschfahrzeuge. Ferner wurden Steck- und Hakenleitern mitgeführt sowie eine große Schlauchhaspel am Heck. Die Besatzung des Fahrzeugs bestand aus elf Feuerwehrmännern. Das Fahrzeug schien sich im Alltagseinsatz bewährt zu haben, so daß die Feuerwehr 1910 ein weiteres Automobil von Büssing erwarb. Dieser zuvor im Büssing-Werk eingesetzte LKW wurde den Bedürfnissen der Feuerwehr entsprechend umgebaut und als Gerätewagen in Dienst gestellt. Noch im selben Jahr entstand bei Magirus in Ulm eine moderne Drehleiter auf einem Büssing-Dreitonner. Es war eine DL 23+3, d.h. die Leiter hatte eine Steighöhe von 23 m und einen Handausschub von zusätzlich 3 m. Das Drehen und Aufrichten der Leiter erfolgte per Handkurbel, das Ausziehen mittels Kohlensäurezylinder – damals die gängigste Technik. Das Leiterfahrzeug wurde Ende August 1910 zur BF Braunschweig geliefert und war damit die zweite bei einer deutschen Feuerwehr eingesetzte Drehleiter auf einem benzingetriebenen Automobil, nachdem die BF Breslau bereits im Februar 1910 eine Magirus DL 25 auf einem Daimler erhalten hatte.

Vier weitere Fahrzeuge kaufte die BF Braunschweig 1912/13 bei Büssing und machte in der eigenen Werkstatt daraus Feuerwehrfahrzeuge. Es entstanden zwei Motorspritzen mit Heckpumpen (2000 l/min) und Löschwassertanks (200 l und 450 l) und zwei sogenannte „Schlepper" bzw. Schlauchtender mit Schlauchhaspeln, Leitern und diversen Geräten. Einige Jahre später wurden diese Fahrzeuge umgebaut und mit Löschpumpen ausgestattet, so daß auch sie als Löscheinheiten verwendet wurden. Die beiden Schlepper dienten zunächst, wie der Name schon andeutet, zum Schleppen zweier Pferdewagen, nämlich der alten Dampfspritze und einer Drehleiter. Man hatte einfach die Wagendeichsel durch eine Anhängerstange ersetzt. Zu jener Zeit wurde auch das erste Büssing-Feuerwehrfahrzeug exportiert. Eine Motorspritze, ganz ähnlich den Braunschweiger Fahrzeugen, mit Heckpumpe, drei Schlauchhaspeln und Löschwassertank wurde ins zaristische Rußland ver-

Der komplette einsatzbereite Braunschweiger Automobillöschzug samt Kradmelder im Jahre 1912 Foto: Archiv Gihl

Das erste exportierte Büssing-Feuerwehrfahrzeug war diese Autospritze, die um 1911 nach Rußland verkauft wurde
Foto: Archiv Gihl

1926 erhielt die BF Braunschweig ihre zweite Automobildrehleiter. Wieder war es eine Magirus-Leiter, diesmal mit einer Steighöhe von 26+2 m. Chassis ist der Büssing III G mit zurückgesetzter Vorderachse Foto: Iveco-Magirus

kauft. Der genaue Bestimmungsort ist nicht bekannt, aber man kann wohl davon ausgehen, daß eines der allerersten motorisierten russischen Feuerwehrfahrzeuge entweder in Moskau oder in St. Petersburg eingesetzt worden ist.

Kurz vor und während des 1. Weltkrieges war Büssing so sehr mit der Produktion von Armeelastwagen und anderem Kriegsgerät beschäftigt, daß offenbar keine Kapazitäten für Feuerwehrfahrzeuge frei waren, es sind zumindest keine Lieferungen an Feuerwehren aus dieser Zeit bekannt. Erst zu Beginn der 20er Jahre entstand wieder eine Kleinserie von fünf oder sechs Büssing-Feuerwehrfahrzeugen, die in Landkreisen im südlichen Niedersachsen eingesetzt wurden, z. B. bei den Freiwilligen Feuerwehren in Wolfenbüttel, Seesen, Blankenburg, Holzminden und Helmstedt. Diese Fahrzeuge wurden als Überlandmotorspritzen bezeichnet. Dies besagte, daß sie nicht nur in ihrer Standortgemeinde eingesetzt wurden, sondern als mobile Löschhilfe im gesamten Landkreis, besonders dort, wo es um größere Schadensfälle ging, oder in jenen Ortschaften, die über keine eigene Feuerwehr verfügten. Fahrzeuge dieser Art wurden in den 20er Jahren in vielen ländlichen Gebieten Deutschlands eingesetzt, und insbesondere die Firma Flader baute zahlreiche derartige Löschfahrzeuge auf unterschiedliche LKW-Fahrgestelle. Vermutlich sind auch die niedersächsischen Fahrzeuge bei Flader entstanden, denn die Bauform weist gewisse Ähnlichkeiten mit anderen Flader-Fahrzeugen auf. Typisch für die Überlandspritzen war die Sitzeanordnung für die Löschmannschaften. Die sechs mitfahrenden Männer saßen nicht, wie sonst üblich, auf hochliegenden Bänken links und rechts am Aufbau, sondern in zwei Reihen hintereinander vorne im Aufbau mit Blick nach vorn. Auch waren sie durch Türen zu beiden Seiten geschützt, so daß ein Herausfallen bei schneller „Überlandfahrt" ausgeschlossen war. Als Basis für die niedersächischen Überlandmotorspritzen dienten die Büssing-2,5-tonner mit 55 PS-Motoren.

Im Verlauf der 20er Jahre wurden weitere Büssing-Feuerwehrfahrzeuge, wie Motorspritzen, Tanklöschfahrzeuge und Drehleitern, in Dienst gestellt, hauptsächlich in Braunschweig und Umgebung. Neben Magirus baute auch Metz Ende der 20er Jahre mindestens eine mechanische Holzdrehleiter auf ein Büssing-Fahrgestell, wie einer Referenzliste zu entnehmen ist. Da aber nahezu alle Unterlagen von Metz aus dieser Zeit vernichtet sind, ist nicht bekannt, an welche Feuerwehr Büssing-Drehleiterfahrzeuge geliefert wurden. Im Ausland sind kaum Büssing-Feuerwehrfahrzeuge jener Jahre bekannt. Dennoch kann nicht ausgeschlossen werden,

Um 1928 baute Metz diese Automobilspritze auf einen Büssing-Dreitonner des Typs III G. Wohin dieses Fahrzeug geliefert wurde ist leider nicht bekannt

Foto: Metz

Die Betriebsfeuerwehr des Zirkus Sarrasani erhielt dieses große Tanklöschfahrzeug um 1929 von der Firma Schörling. Es dürfte sich dabei um eines der ersten Feuerwehrfahrzeuge mit geschlossener Mannschaftskabine handeln

Foto: Schörling

Auf einen Büssing III GL 6 (6x4) baute Metz in Zusammenarbeit mit der Firma Minimax 1928 eines der ersten (das erste ?) dreiachsigen Löschfahrzeuge in Deutschland. Bestimmt war der Prototyp eines Schaumlöschfahrzeuges für den Einsatz auf Flugplätzen

Foto: Metz

daß hier und da ein Exemplar eingesetzt wurde. In Österreich hat es jedenfalls einige wenige Feuerwehr-Büssing gegeben, z.B. bei der Feuerwehr Wiener Neustadt. Der Grund ist die Zusammenarbeit von Büssing mit der Firma A. Fross in Wien. Fross hatte die Büssing-Lizenzen für den Bau von Lastwagen erhalten und verkaufte seine Fahrzeuge in Österreich und einigen anderen Ländern. So sind die wenigen Feuerwehrfahrzeuge in Österreich genaugenommen keine echten Büssing aus Braunschweig, sondern Fross-Büssing aus Wien.

Zu Beginn der 30er Jahre gab es bei Büssing einige wichtige Veränderungen. Erst jetzt gelang der Durchbruch auf dem Feuerwehrsektor, wenn auch in kleinerem Ausmaß als dies bei anderen Firmen der Fall war. Nachdem man 1929 bereits den Lastwagenhersteller Mannesmann-Mulag übernommen hatte, entschlossen sich die Braunschweiger 1930 auch, die in Schwierigkeiten geratene Firma Komnick in ihren Konzern einzugliedern, ohne jedoch den Bau der Lastwagenmodelle fortzusetzen. Vielmehr war man an den Komnick-Betriebsanlagen in Elbing interessiert. Etwas anders gestaltete sich ein Zusammenschluß im Jahre 1931. Hierbei ging es nicht darum, eine bankrotte Firma zu übernehmen, sondern mit einem potenten Konkurrenten zu fusionieren und damit die Marktposition zu festigen und auszubauen. Büssing und NAG (Nationale Automobil-Gesellschaft) schlossen sich zu einer Aktiengesellschaft zusammen, deren Kapital beiden Partnern zu annähernd gleichen Teilen gehörte. Auch wurden einige der NAG-Lastwagenmodelle weitergebaut, insbesondere die leichten Typen, so daß Büssing damit sein Schwerlastwagensortiment nach unten abrunden konnte. Fabrikationsstätten in Berlin und in Leipzig gehörten nun zu dem neuen Konzern, der seine LKW unter der Bezeichnung Büssing-NAG anbot. Die Tatsache, daß man in Leipzig produzierte, dürfte wohl der wesentliche Grund gewesen sein, warum man während der 30er Jahre zahlreiche Büssing-Feuerwehrfahrzeuge in Sachsen und besonders in Leipzig und Umgebung in Dienst stellte.

Die erste Feuerwehr auf einem Büssing-NAG 350 wurde 1934 an die Berufsfeuerwehr Chemnitz geliefert. Es war einer der Prototypen für eine KS 15 (Kraftfahrspritze), jenes Normfahrzeugs, das ab 1936 von diversen Firmen in großen Stückzahlen gebaut wurde. Das Chemnitzer Fahrzeug war von der Firma Flader mit einem geschlossenen Aufbau und einer Vorbaupumpe (1500 l/min) ausgestattet worden. Den Büssing-NAG hatte man mit einem 150 PS starken V8-Vergasermotor mit 7,9 l Hubraum bestückt, dem damals stärksten Aggregat aus dem Hause Büssing-NAG. Ein Jahr später erhielt auch die BF Leipzig ihre ersten Büssing-NAG-Fahrzeuge. Die Firma Fischer lieferte zwei KS 25 auf Büssing-NAG

Für die BF Chemnitz baute Flader 1934 eine KS 15 in geschlossener Kastenbauweise auf einen Büssing-NAG 350

Foto: BF Chemnitz

350 mit den gleichen 150 PS starken V8-Motoren. Im Gegensatz zur KS 15 verfügten die KS 25 über Pumpen mit einer höheren Leistung (2500 l/min), im Falle der beiden Leipziger Fahrzeuge als Heckpumpen ausgeführt. Zwei weitere KS 25 erhielt Leipzig 1937, diesmal gebaut von der Firma Metz auf den etwas größeren Büssing-NAG 400, und abermals zwei KS 25 gingen 1939 zur BF Leipzig, wiederum von Metz aufgebaut und ausgerüstet. Beide 39er Fahrzeuge liefen bis in die 80er Jahre bei Freiwilligen Feuerwehren in der DDR, und seit einigen Jahren befinden sie sich nun in Händen von Fahrzeugsammlern. Es sind, zusammen mit zwei Drehleitern und einer weiteren KS 15, die einzigen Büssing-Feuerwehrfahrzeuge aus der Vorkriegszeit, die bis in die Gegenwart überlebt haben.

Neben Fischer, Flader und Metz baute auch Koebe einige Kraftfahrspritzen auf Büssing-NAG. Bekannt sind die Fahrzeuge für Helmstedt, Blankenburg, Neuruppin und die Landkreise Braunschweig und Paderborn aus den Jahren 1936 bis 1938. Es waren KS 15 auf Büssing-NAG 250 bzw. 350 „Burglöwe". Von den großen KS 25 ist nur ein Fahrzeug mit einem Koebe-Aufbau bekannt, es wurde 1939 an die Werkfeuerwehr der Flugzeugwerke Junkers geliefert. Bei diesem Fahrzeug dürfte es sich um einen Büssing-NAG 500 gehandelt haben. Weitere Kraftfahrspritzen aus den 30er Jahren gingen an die Feuerwehren Frankenberg (Flader-Aufbau), Schwerin (Flader-Aufbau), Breslau (Metz-Aufbau) und Braunschweig (Müller-Aufbau).

Neben den damaligen Standardlöschfahrzeugen sind vor allem die Sonderkonstruktionen auf den dreiachsigen Büssing-NAG von Interesse. Das Reichsluftfahrtministerium ließ ab 1935 große Kontingente sogenannter Tankspritzen (Ts 2,5) für den Brandschutz auf Flugplätzen bauen. Über 700 Ts 2,5 wurden auf Henschel-Dreiachser gebaut, aber es gab auch eine kleine Bauserie von Flader, die auf dem Büssing-NAG G 31 K (6x4) basierte. Die Ts 2,5 besaßen einen 2500 l fassenden Löschwassertank, der unverkleidet über dem Doppelachsaggregat lag. Die Kabinen waren in offener Ausführung mit Faltdach gestaltet, die Pumpen, mit einer Förderleistung von 2500 l/min, waren als Vorbaupumpen ausgeführt. Fahrzeuge dieser Bauart wurden nahezu flächendekkend über das Deutsche Reich und später die besetzten Gebiete verteilt, und etliche fanden nach dem Krieg den Weg zu kommunalen Feuerwehren. Eine von vermutlich etwa zehn gebauten Ts 2,5 auf Büssing-NAG lief nach 1945 bei der Inselfeuerwehr Borkum, allem Anschein nach ist jedoch kein Exemplar erhalten geblieben. Einige Fahrzeuge ähnlicher Bauart fuhren bereits während der 30er Jahre bei Berufsfeuerwehren bzw. Feuerschutzpolizeieinheiten, z. B. in Leipzig und Braunschweig. Das Leipziger Fahrzeug des Baujahres 1936 mit Flader Aufbau hatte, dem Vernehmen nach, einen 3000 l-Wassertank, war ansonsten aber baugleich mit den Ts 2,5. Es stand bis Ende der 50er Jahre in Leipzig in Dienst und wurde dann verschrottet. Die Braunschweiger Version aus dem Jahre 1938 stammte von der Firma Metz und sah ein wenig anders aus als die übrigen Ts 2,5. Zwar verfügte das Fahrzeug ebenfalls über einen großen Wassertank (2500 l) und eine Vorbaupumpe (2500 l/min), das Führerhaus war aber geschlossen und als Doppelkabine für sechs Personen ausgeführt.

Weitere Varianten waren zwei Sonderfahrzeuge für Werkfeuerwehren, die auf den Dreiachsfahrgestellen Büssing-NAG Typ KV aufgebaut waren, nun aber über Allradantrieb verfügten. 1937 baute Flader ein Schaumtankfahrzeug für die Deutsche Erdöl AG (DEA) und Anfang der 40er Jahre entstand ein Kohlensäurelöschfahrzeug für die Leuna-Werke. Beide Fahrzeuge wurden mit V8-Motoren angetrieben, das DEA-Fahrzeug leistete 150 PS, das Leunaer Fahrzeug sogar 180 PS, und beide besaßen sie geschlossene Aufbauten und geschlossene Mannschaftskabinen für sechs Feuerwehrmänner. Bemerkenswert bei dem DEA-Fahrzeug ist die Tatsache, daß Flader die sechs Geräteräume des Aufbaues mit Holzjalousien verschloß – heute die gängige Bauweise, damals aber ein absolutes Novum bei Feuerwehrautos. Der Aufbau enthielt Schlauchhaspeln, eine Feuerlöschpumpe (4000 l/min), technisches Gerät, wie beispielsweise eine Flutlichtanlage, und einen kleinen Schaummitteltank für 350 l Inhalt. Zusätzlich verfügte das Fahrzeug über eine Vorbaupumpe mit ebenfalls 4000 l/min Förderleistung (siehe den nachfolgenden Beitrag).

Auch das Leunaer Fahrzeug besaß eine Vorbaupumpe (1500 l/min), ein Magirus-Fabrikat, was jedoch nicht bedeutet, daß auch der Aufbau von Magirus gefertigt worden ist. In keiner Beschreibung wird der Aufbauhersteller genannt, es deutet jedoch einiges darauf hin, daß Metz das Einzelexemplar gebaut hat. Auch dieses Fahrzeug besaß einen kleinen Schaummitteltank (250 l) sowie Schlauchmaterial und technisches Gerät. Herzstück des Fahrzeugs war die Kohlensäurelöschanlage, die aus ins-

Zwei moderne vierteilige Stahldrehleitern (30 m) baute Metz für die BF (Feuerlöschpolizei) Leipzig 1936. Als Basis wurden die Büssing-NAG 400 verwendet, mit neuem Kühler- und Haubendesign und der bekannten „Büssing-Spinne" Foto: Metz

Passend zu den Drehleitern erhielt Leipzig 1937 von Metz auch zwei KS 25 auf Büssing-NAG 400 Foto: Metz

Auch die Feuerwehr in Breslau erhielt 1935 eine KS 15, von Metz auf einen Büssing-NAG 400 aufgebaut. Bemerkenswert der hintere Geräteraum mit der Jalousie
Foto: Metz

gesamt 32 Flaschen zu je 25 kg bestand. Die Flaschen standen senkrecht in zwei Batterien zu je 16 Flaschen in Eisengestellen, die auf Rollen in den Aufbau hinein- bzw. herausgeschoben werden konnten. Am Heck des Fahrzeugs befand sich die Bedienungstafel für die Anlage und die Anschlüsse für die Hochdruckschläuche – es konnte mit vier Schlauchleitungen gleichzeitig gelöscht werden.

Bereits seit Mitte der 20er Jahre gab es in Deutschland eine interessante Fahrzeuggattung: die Sprengwagen mit Feuerlöscheinrichtung. Insbesondere die Firma Schörling baute diese Fahrzeuge recht zahlreich, und viele basierten auf Fahrgestellen von Büssing. Gern wurden derartige Fahrzeuge von kleineren Städten beschafft, die über begrenzte Finanzmittel verfügten, so daß sie nicht zwei unterschiedliche Fahrzeuge für die Stadtreinigung und die Feuerwehr kaufen mußten. Diese Kombifahrzeuge verfügten über einen großen freiliegenden Wassertank (zwischen 4000 l und 6000 l Fassungsvermögen), eine Feuerlöschkreiselpumpe mit einer Förderleistung von 800 bis 1000 l/min und Schlauchmaterial. Im täglichen Dienst bei der Stadtreinigung säuberten sie die Straßen, bei Feueralarm konnten sie sofort zum Brandort ausrücken und die Feuerwehrkräfte mit Löschwasser versorgen. Erlangen und Moers gehörten zu den Städten, die solche praktischen Kombifahrzeuge auf Büssing-Chassis (Typ V GL) vorhielten. Während der 30er Jahre kamen die Büssing-NAG 400, 500 oder 650 zum Einsatz, je nach Kapazität des Wassertanks, und auch um 1950 wurden noch derartige Fahrzeuge auf den Büssing-Typen 5000 S und 5500 gebaut.

Schließlich gab es in den 30er Jahren noch einige wenige Drehleiterfahrzeuge auf Büssing-NAG. Es begann allerdings noch mit einem alten Büssing IV G des Baujahres 1930, den Magirus mit einer vierteiligen hölzernen DL 26+2 ausgerüstet hatte. Empfänger dieses Fahrzeugs war die BF Braunschweig im Juni 1931. Auch die Leipziger erhielten neue Drehleiterfahrzeuge, nun aber bereits die modernen Stahlleitern. 1936 lieferte Metz zwei vierteilige DL 30, aufgebaut auf Büssing-NAG 400 mit den 95 PS-Motoren des Typs LD 6. Optisch ziemlich ähnlich war das 1940 in Braunschweig in Dienst gestellte Leiterfahrzeug. Doch es unterschied sich in zwei wesentlichen Punk-

Büssing-NAG 500 mit dem 105 PS starken Sechszylindermotor und einem Metz-Aufbau als KS 25. Das 1939 gebaute Fahrzeug lief zunächst bei der BF Leipzig, bevor es von der FF Aue übernommen wurde. Nach der Ausmusterung 1979 gelangte die KS 25 in Sammlerhände

ten: Die Metz-Leiter hatte nur 26 m Auszugshöhe, und es wurde als Unterbau sogar ein Fünftonner des Typs Büssing-NAG 500 verwendet, der den Sechzylinder-Dieselmotor LD mit 105 PS Leistung erhielt. Das Fahrzeug befindet sich heute im Besitz eines Braunschweiger Büssing-Sammlers. Darüber hinaus gab es noch ein weiteres Leiterfahrzeug aus den 30er Jahren, das auch heute noch existiert. Allerdings handelt es sich hierbei um einen Umbau. Der Büssing-NAG 300 aus der Zeit um 1932 diente ursprünglich als Autotransporter bei der Autounion in Zwickau, bevor er zu einem Feuerwehrfahrzeug umgebaut wurde. Auf das Niederrahmenchassis mit der offenen Kabine setzte man eine im April 1937 ursprünglich auf einem Horch ausgelieferte dreiteilige Magirus DL 20 für Handbetrieb und stellte das Fahrzeug bei der Autounion-Werkfeuerwehr in Dienst. Der Umbau dürfte entweder während oder kurz nach dem Krieg stattgefunden haben.

Schon ziemlich bald nach Ende des 2. Weltkrieges begann bei Büssing in Braunschweig erneut die LKW-Produktion. Die ersten Jahre wurde nur ein Modell gebaut, der Fünftonner Büssing-NAG 5000 S, der während des Krieges als Büssing-NAG 4500 S (aufgrund des Schell-Programms durfte Büssing nur einen 4,5-tonner bauen) mit dem 105 PS starken Sechszylinder-Dieselmotor LD gefertigt wurde. Die beiden ersten Feuerwehrfahrzeuge der Nachkriegszeit entstanden 1949 bei Metz auf Büssing-NAG 5000 S. Es sind beides Drehleiterfahrzeuge, denn als Löschfahrzeug war der Fünftonner zu groß und zu schwer. Metz baute auf den einen Büssing eine DL 36+2 und lieferte ihn an die Berufsfeuerwehr Berlin, auf das zweite Chassis setzte man eine DL 32 im Auftrage der FF Schwäbisch-Gmünd. Beide Leitermodelle bestehen aus fünf Teilen, wobei die Berliner Leiter mit 9200 mm Transportlänge genau einen Meter länger ist, als die Leiter aus Schwäbisch-Gmünd. Während die DL 36 bereits den modernen Leitersatz mit Winkelprofilen erhielt, war die DL 32 noch nach der alten Konstruktion mit zweigeteilten Holmen ausgeführt. Unterschiede gab es auch bei den Fahrzeugkabinen: Die Berliner erhielten eine große, von Metz gebaute Staffelkabine für sechs Personen, die FF Schwäbisch-Gmünd erhielt die kurze Standardkabine von Büssing für drei Personen. Was

Ein Umbau aus dem Jahre 1962 ist dieses Total TroLF 2000 (2 Kessel zu je 1000 kg Pulver) der Werkfeuerwehr Enka AG. Der Büssing-NAG 5000 S wurde bereits 1948 gebaut Foto: U. Paulitz

die beiden Leiterfahrzeuge so ungewöhnlich und bedeutsam macht, ist nicht nur die Tatsache, daß man Büssing-Fahrgestelle verwendete, sondern auch die Seltenheit der Leitertypen, denn von der DL 32 wurden von Metz nur sieben oder acht Modelle zwischen 1947 und 1954 gebaut, von der DL 36 sogar nur drei zwischen 1949 und 1952. Beide Fahrzeuge haben glücklicherweise die Jahre bei verschiedenen Besitzern überdauert und befinden sich nun in Nutzfahrzeugsammlungen.

Ein weiterer Büssing-NAG 5000 S fand seinen Weg 1962 zur Feuerwehr, nachdem er zuvor 14 Jahre als normaler Laster eingesetzt war. Im Auftrage der Werkfeuerwehr der Enka AG setzte die Firma Total auf den 1948 gebauten Büssing einen Aufbau mit zwei großen Pulverkesseln zu je 1000 kg und eine Batterie mit zehn CO_2-Flaschen. Bis vor wenigen Jahren befand sich das als TroLF 2000 bezeichnete Fahrzeug noch im Einsatz der Werkfeuerwehr.

Auch andere Werkfeuerwehren ließen sich während der 50er und 60er Jahre Büssing-LKW zu Feuerwehrfahrzeugen um- und ausbauen. Bei der WF Deurag stand ein Büssing 5500 aus dem Jahre 1952 als Schaumtankfahrzeug im Einsatz. Das von Schörling mit einem 5000 l-Tank ausgestattete Spreng- und Löschfahrzeug wurde erst 1984 ausgemustert. Ein sehr kurioses Fahrzeug befand sich bis vor wenigen Jahren bei der WF der Neunkirchener Eisenwerke. Ein aus dem Jahre 1936 stammender Büssing-NAG „Burglöwe" wurde 1949 zu einem Feuerwehrfahrzeug ausgebaut und 1957 noch einmal von der Firma Jacob & Söhne umgebaut. Dabei erhielt das Fahrzeug eine ungewöhnlich große Mannschaftskabine für 10 bis 12 Personen und einen kleinen angebauten Gerätekoffer mit Schlauchmaterial und einer Tragkraftspritze. Gleichfalls recht ungewöhnlich ist der Gerätewagen der Werkfeuerwehr des Peiner Stahlwerks

Auf das Nachkriegsfahrgestell Büssing-NAG 5000 S baute Metz 1949 eine der seltenen fünfteiligen DL 36+2 im Auftrage der BF Berlin. Leider blieb dieses optisch überaus gelungene und wohlproportionierte Fahrzeug ein Einzelstück Foto: Metz

Ebenfalls zu einem Feuerwehrfahrzeug umgebaut wurde dieser ehemalige Paketpostwagen aus dem Jahre 1957. Die WF Salzgitter AG nutzt den alten Büssing LU 7 noch heute als GW-Notstromaggregat im Peiner Stahlwerk

Der erste Büssing-Kipper der BF Köln wurde 1967 in Dienst gestellt. Verwendung fand ein Haubenfahrzeug des Typs „Burglöwe" SAK (4x4)

Foto: BF Köln

der Salzgitter AG, der 1972 mit einem leistungsfähigen 100-kVA-Notstromaggregat ausgerüstet wurde. Der ehemalige Paketwagen der Bundespost, ein Büssing LU 7 mit einem 145 PS starken Unterflur-Dieselmotor des Typs U 7, stammt aus dem Jahre 1957. Er ist übrigens der einzige Büssing, der noch heute im aktiven Feuerwehrdienst steht. Und noch ein außergewöhnlicher Büssing-Lastwagen fand in den 60er Jahren seinen Weg zu einer Feuerwehr, diesmal aber zu einer Freiwilligen Feuerwehr. Ein 1954 bei der Niedersächsischen Polizei als Wasserwerfer in Dienst gestellter Büssing-Frontlenker des Typs 4000 U mit dem 100-PS-Motor U 5 wurde von der FF Wolfshagen als Tankfahrzeug übernommen. Der bekannte Berliner Aufbauhersteller Luchterhand & Freytag hatte das Fahrzeug mit dem ca. 4000 l fassenden Wassertank und der markanten Dachkonstruktion mit Monitor gebaut.

1964 entstand wieder ein Originalfeuerwehrfahrzeug auf einem neuen Büssing. Die Bundeswehr hatte der Fahrzeugindustrie den Auftrag erteilt, ein kleines, hochgeländegängiges TLF 8 zu entwickeln. Vier Firmen beteiligten sich an der Ausschreibung und bauten Testfahrzeuge: Henschel, Kramer, Mercedes-Benz und Büssing. Den Zuschlag erhielt Mercedes-Benz für seinen Unimog, der in der Folge in hunderten von Exemplaren als TLF 8 gebaut wurde. Büssing ging leer aus, und es blieb bei dem Bundeswehr-Prototyp eines TLF 8 auf der Basis des Büssing „Burglöwe Universal" (4x4) mit dem 126 PS starken Unterflurdieselmotor. Auch im Zivilbereich konnte sich Büssing mit seinem kleinen Allradfahrgestell nicht recht durchsetzen, es wurden nur wenige Fahrzeuge dieses Typs gebaut und die Feuerwehren ignorierten es gänzlich. Vielleicht waren die Kunden von der Unterflurtechnik bei einem Geländefahrzeug einfach nicht zu überzeugen.

In den 50er und 60er Jahren war Büssing im Feuerwehrmarkt praktisch nicht mehr präsent, obwohl man doch für die unterschiedlichsten Aufgaben durchaus die richtigen Fahrgestelle gehabt hätte. Aber anscheinend hatte man im Hause Büssing kein Interesse, deutsche oder ausländische Feuerwehren zu beliefern. Umso erstaunlicher, daß sich in der

Der 1968 von der BF Köln beschaffte Büssing-Kipper BS 15 AK (4x4) mit Ladekran und Seilwinde diente als sogenannter „Tiefbau-Rettungswagen" u.a. zum Bergen verschütteter Personen Foto: BF Köln

zweiten Hälfte der 60er Jahre, kurz vor dem Ende der Marke Büssing, doch noch eine deutsche Berufsfeuerwehr zu einem Großauftrag über immerhin neun Fahrzeuge entschließen konnte. Die BF Köln kaufte zwei Kipper und sieben Notarztwagen von Büssing. 1967 wurde der erste Kipper als Mehrzweck-LKW in Dienst gestellt, ein Büssing „Burglöwe" SAK (4x4). Neun Jahre stand der Büssing-Hauber bei der BF Köln im Dienst, dann wurde er verkauft. Der zweite Kipper, ein Büssing-Frontlenker des Typs BS 15 AK (4x4) mit dem 150 PS starken Vorkammer-Dieselmotor S 7, wurde 1968 beschafft. Dieses Fahrzeug hatte eine ganz besondere Funktion. Das als „Tiefbau-Rettungswagen" bezeichnete Fahrzeug wurde vorrangig für Unfälle mit verschütteten Personen konzipiert und führte auf der kippbaren Pritsche eine dementsprechende Ausrüstung, bestehend aus Rettungsröhren, Schnellschalungstafeln, Stützmaterial und Kleingeräten mit. Festmontierte Zusatzausrüstung war eine Seilwinde an der Fahrzeugfront und ein hydraulischer Ladekran hinter der Kabine.

Seit 1964 kooperierte Büssing mit dem italienischen LKW-Hersteller OM, indem man die Kleinlaster zwischen 2 t und 4,5 t Nutzlast für den deutschen Markt montierte und vertrieb. Aufgrund des vorteilhaften Preises dieser Fahrzeuge entschied sich die BF Köln, die neue Generation von Notarztwagen auf die Büssing-OM bauen zu lassen. Die ersten drei Fahrzeuge mit einem Gesamtgewicht von 6000 kg entstanden 1967 bei dem Spezialaufbauhersteller Miesen auf dem Modell „Daino 44". Als Antrieb wurden Saurer-Dieselmotoren mit 4560 cm^3 Hubraum und 92 PS Leistung verwendet. Das Nachfolgemodell „Daino 45", nun mit einem stärkeren Motor (106 PS), wurde 1968/69 in vier weiteren Exemplaren beschafft. Der Auftrag für die Erstellung der Aufbauten ging diesmal an die Saarbrücker Karosseriefabrik (SKF), die ein sehr günstiges Angebot abgegeben hatte. Beide Fahrzeugvarianten waren im Innenraum und bei der Ausstattung nahezu gleich (lediglich ein zusätzlicher Tragestuhl wurde bei den SKF-Fahrzeugen eingebaut), äußerlich unterschieden sie sich jedoch beträchtlich. Während die Miesen-Aufbauten abgerundete Kanten erhielten und die Fahrzeuge die Originalfront von OM behielten, waren die SKF-Fahrzeuge deutlich kantiger und besaßen eine echte Büssing-Front mitsamt der

Vier baugleiche Notarztwagen orderte die BF Köln 1968/69 bei der Saarbrücker Karosseriefabrik (SKF), aufgebaut auf den 106 PS starken Büssing-OM „Daino 45"
Foto: BF Köln

typischen „Büssing-Spinne". Die Feuerwehr hatte nur wenig Freude mit den Fahrzeugen – sie waren sehr reparaturanfällig – und zwischen 1974 und 1976 wurden alle bereits wieder ausgemustert und verkauft. Auch wenn diese Notarztwagen keine lupenreinen Büssing-Lastwagen gewesen sind, sie trugen zumindest das Büssing-Emblem, und somit waren sie die letzten Büssing, die von einer Feuerwehr beschafft wurden. Wenige Monate später übernahm der Konkurrent MAN die Firma Büssing vollständig.

Zum Abschluß der Betrachtung über Feuerwehrfahrzeuge der Marke Büssing müssen natürlich auch die Busfahrgestelle erwähnt werden, die bei deutschen Feuerwehren im Einsatzdienst standen. Aus den Vorkriegsjahren lassen sich keine derartigen Fahrzeuge nachweisen, doch seit den frühen 50er Jahren hat es mindestens fünf Büssing-Busse im Dienste deutscher Feuerwehren gegeben. Um 1950 beschaffte die BF Essen einen Büssing-Trambus des Typs 5000 T und richtete ihn als sogenannten Großkrankenwagen mit zahlreichen eingeschobenen Tragen ein. Der Aufbau stammte von der Essener Firma Ludewig, was allerdings nicht dadurch begründet war, daß das Fahrzeug in Essen eingesetzt wurde. Die meisten Büssing-Busse der Nachkriegsjahre wurden bei Ludewig karossiert, denn die alte Büssing-Busfabrik in Elbing (Ostpreußen) stand nach dem Krieg für die Produktion nicht mehr zur Verfügung. Motorisiert war der Büssing 5000 T mit dem Dieselmotor

Einer der beiden Hamburger Großraumkrankenwagen war der abgebildete Büssing 5000 TU. 1951 wurde der große Bus mit dem Unterflurmotor (135 PS) beschafft

Foto: Archiv Gihl

Ein umgebauter Stadtlinienbus des Typs Büssing „Präfekt 13X" aus dem Jahre 1965 diente der BF Hamm jahrelang als mobile Einsatzleitzentrale

Foto: R. Bramkamp

LD (105 PS), dem gleichen Aggregat, das auch in die damaligen LKW eingebaut wurde.

Als nächste Feuerwehr beschaffte die BF Hamburg zwei Büssing-Busse als Großraumkrankenwagen. Allerdings bestand die Verwendung dieser beiden Busse zunächst hauptsächlich in der Verlegung von Patienten in Krankenhäuser außerhalb Hamburgs. 1951 wurde ein Büssing 5000 TU gekauft und 1953 ein Büssing 4000 TU, beide mit werkseitig gefertigten Büssing-Karosserien aus der neuen Fabrik in Braunschweig-Querum. Die Inneneinrichtung der beiden Busse übernahm die Krankenwagenspezialfirma Miesen. Der Büssing 5000 TU war der erste deutsche Nachkriegsbus mit Unterflurmotor, einem 135 PS starken 8,7 l-Motor des Typs U 9. Das 1953 neuentwickelte Busfahrgestell Modell 4000 TU war der damals kleinste Büssing-Bus, der von dem Unterflurmotor U 5 mit einer Leistung von 100 PS angetrieben wurde. Bis zu Beginn der 70er Jahre liefen die beiden Büssing-Busse bei der Hamburger Feuerwehr. Weitere Büssing-Busse wurden während der 50er und 60er Jahre von Rettungsorganisationen wie dem Roten Kreuz, dem THW oder Clinomobil eingesetzt.

Erst in den späten 70er Jahren gelangten noch einmal zwei Büssing-Busse zu deutschen Feuerwehren, diesmal waren es aber ehemalige Linienbusse städtischer Verkehrsbetriebe, die nach ihrer Aussonderung von den Feuerwehren Hamm und Paderborn als Einsatzleitwagen (ELW 3) und Mannschaftstransportwagen (MTW) verwendet wurden. Die BF Hamm nutzte einige Jahre einen Büssing „Präfekt 13X" aus dem Jahr 1965 als mobile Einsatzleitstelle mit getrenntem Funk- und Besprechungsraum bei Großeinsätzen. Das Fahrzeug verfügte über den Unterflurmotor U 7, der dem 14,6 t schweren Bus eine Leistung von 145/150 PS und eine Höchstgeschwindigkeit von 68 km/h ermöglichte. Bei der FF Paderborn wurde einer der letzten Büssing-Stadtbusse (vermutlich ein BS 117 oder 120) als Mehrzweckbus eingesetzt. Er diente dem Transport von Feuerwehrangehörigen zu Übungen oder Veranstaltungen, der Evakuierung von Personen, als Ruhe und Aufenthaltsraum für Unfallopfer und Einsatzkräfte bei längeren Einsätzen etc. Beide Busse wurden Ende der 80er Jahre ausgemustert und an Drittbesitzer weiterverkauft.

Die FF Paderborn kaufte gebraucht eines der letzten Büssing-Stadtbusmodelle vom Ende der 60er Jahre und machte daraus einen Mannschaftstransportbus

Foto: Rainer Matthies

Vor 62 Jahren bei der DEA:

Das erste deutsche dreiachsige Hilfeleistungslöschfahrzeug

von Manfred Gihl

Dreiachsige Hilfeleistungslöschfahrzeuge sind heute wahrlich keine Seltenheit mehr. Es gibt sie bei Berufs-, freiwilligen und Werkfeuerwehren. Wer aber annimmt, diese Bauart sei eine neuzeitliche Errungenschaft, der irrt sich. Bereits im Jahr 1937 ging ein Löschfahrzeug bei der Deutschen Erdöl-AG (DEA) in Altenburg/Thüringen in Dienst, das außer einer löschtechnischen Ausstattung auch zahlreiche technische Merkmale aufwies, die eine nachträgliche Einstufung als „Hilfeleistungs-Löschfahrzeug" (dieser Begriff war damals natürlich noch unbekannt) nach heutigen Maßstäben durchaus rechtfertigen. Die Konzeption stammte vom Leiter der Werkfeuerwehr, Branddirektor Otto Helm. Er erhielt seinerzeit die einmalige Chance, ein universell einsetzbares geländefähiges Löschfahrzeug nach seinen Vorstellungen entwickeln und bauen zu lassen.

Die Werkfeuerwehr der DEA in Altenburg wurde 1921 gegründet, um deren nördlich der Stadt liegende Betriebe zu schützen. Es handelte sich dabei um Braunkohlenförderstätten sowohl über Tage als auch unter Tage (Gruben), Brikettfabriken, das Schwelwerk Regis und das Mineralölwerk Rositz. Ein Teil des Personals, vor allem die Führungskräfte, kam von der BF Chemnitz, so der Leiter der Werkfeuerwehr, Branddirektor Otto Helm, ein Oberbrandmeister und ein Brandmeister. Die erste Ausstattung der jungen WF bestand aus einem offenen Pkw als Vorfahrwagen und einer von der BF Chemnitz ausgeliehenen Motorspritze. Doch bereits im Gründungsjahr kaufte das Werk eine 1500 l/min-Motorspritze, die von Flader auf einem MAN-Chassis 45/55 PS gebaut war. In den folgenden Jahren kamen eine Abprotzspritze von Flader, ein Gerätewagen auf MAN-Chassis, ein weiterer Gerätewagen auf Mercedes-Chassis (der auch zum Ziehen der Abprotzspritze diente) und ein Krankenwagen auf Dürkopp 10/30 PS hinzu. Als die WF DEA bald darauf den gesamten Krankentransport im Altenburger Land übernahm, wurde der Fuhrpark erheblich verstärkt. Zunächst beschaffte man 1925 einen Krankenwagen auf Brennabor 8/24 PS und 1931 einen weiteren auf dem Sechszylinder-Opel 21/60 PS mit Aufbau von Kleye/Altenburg. Bis 1935 waren noch zwei Horch-Krankenwagen, Typ 350, mit 8-Zylinder-Reihenmotoren, die 80 PS leisteten, hinzugekommen. Ein repräsentatives Schmuckstück war der zu einem Krankenwagen umgebaute ehemalige Direktionswagen, eine schwere Horch-Pullman-Limousine, Typ 500 B. Ihr 8-Zylinder-Reihenmotor hatte einen Hubraum von 5 Litern und eine Leistung von 100 PS! Dieser Krankenwagen, dessen überragende Fahrleistungen sich auch heute noch sehen lassen können, wurde vorzugsweise für Fernfahrten eingesetzt.

Längere Zeit waren bei Branddirektor Helm die Pläne für eine Kombination von Motorspritze und Gerätewagen gereift. 1937 waren sie soweit gediehen, um in die Tat umgesetzt zu werden. Wegen der geforderten Geländefähigkeit und hohen Traglast

kam nur ein dreiachsiges Sonderfahrzeug mit Allradantrieb in Frage. Gewählt wurde ein Chassis von Büssing-NAG, Typ GS, mit 6x6-Antrieb. Der Achtzylinder-Vergasermotor leistete 150 PS bei 3000/min. Den Lieferauftrag erhielt die Feuerwehrgerätefirma Flader in Jöhstadt.

Es entstand ein Löschfahrzeug mit Doppelkabine (4türig) und einem Gerätekoffer, der bereits Aluminium-Rolladenverschlüsse besaß. Bemerkenswert ist auch die vierteilige Windschutzscheibe. Die Flader-Feuerlöschkreiselpumpe war als Vorbaupumpe ausgeführt und leistete 3500 l/min bei 9 bar. Unter der rückwärtigen Sitzbank waren eine Schaummittelpumpe und der Schaummitteltank angeordnet. Die Luftschaumerzeugung betrug 15000 l/min. Der Schaum wurde über 4 Total-Komet-Rohre abgegeben. Auf dem Dach lagerten eine Schiebleiter, vier Steckleiterteile sowie Saugschläuche. Am Heck waren zwei fahrbare Schlauchhaspeln aufgeprotzt, zwei weitere Schlauchhaspeln im hinteren Teil des Gerätekoffers untergebracht.

Die Ausrüstung für technische Hilfeleistungen bestand aus einem 1,5-kW/220 V-Stromerzeuger zur Speisung eines Hochleistungsscheinwerfers, Autogen-Schneidgerät, Boschhammer und Elektrosäge. Das Fahrzeug kostete damals 56000 RM.

Zitieren wir die „Altenburger Landes-Zeitung" vom 30./31. Juli 1938. Unter der Überschrift „Feuerwehr-Großalarm – aber nur für die Altenburger Landes-Zeitung" berichtete sie von den Aufgaben und der Ausrüstung der DEA-Berufswerkfeuerwehr in Altenburg. Im Mittelpunkt stand der „Großkampfwagen gegen Katastrophen":

„Ein fahrbares Haus auf Rädern, über dessen vorderer Stoßstange ein kompaktes Metallgewirr blinkt. Sechs Räder tragen dieses Ungetüm, auf dessen Dach Rohre und eine mächtige Leiter thronen. Unser neugieriger Blick hatte tatsächlich das neuzeitlichste und wertvollste Gerät der DEA-Feuerwehr gefunden. Denn das war der neue große Spezialwagen, der Stolz des Branddirektors. Und dieser Wagen ist wirklich ein technisches Wunder. Es ist ein sechsradgetriebener Sonderwagen mit einem Benzinmotor von 150 PS Leistung, mit einer Höchstgeschwindigkeit von 90 Stundenkilometern und einer Bergsteigefähigkeit bis zu 55 % – bei einem Gewicht von 9 Tonnen eine mehr als respektable Leistung!"

Der bereits stark beeindruckte Reporter erläutert nun die Förderleistungen der Feuerlöschpumpe und der Schaummittelpumpe: „Um dem Laien die Leistung der Spritze verständlich zu machen, seien folgende Angaben angeführt: Der Wagen kann gleichzeitig aus 18 Rohren vom normalen Durchmesser von 10 Millimetern das Feuer bekämpfen, oder es können zwei 30er-Rohre angeschlossen werden. Diese 30er-Rohre sind gewaltige Dinger, die von vier der gewiß nicht schwächlichen Feuerwehrleute kaum gebändigt werden können. Sie schicken das Wasser 64 Meter weit und 48 Meter hoch!"

Beim Anblick der zahlreichen Geräte begeisterte sich der Reporter aufs neue: „Mit den Löschgeräten ist aber nur ein kleiner Teil des Arsenals des Wagens erwähnt. Er ist ringsum mit Schiebekästen versehen, die Asbesthauben, Rettungsanzüge, Äxte, Fackeln, Saugrohre, Werkzeuge, Stahlrohre (gemeint waren Strahlrohre - Anm. d. Verf.), Sandsäcke, Brecheisen usw. enthalten. Ein vollkommenes autogenes Schneidgerät ist vorhanden, um eingestürzte Eisenteile zu zerlegen, weiter ein benzinelektrischer Stromerzeuger mit 1500 Watt und 220 Volt, der dazu dient, den Scheinwerfer von 700 000 Kerzen Strom (Hefner-Kerzen, frühere Einheit der Lichtstärke, heute: candela - Anm. d. Verf.) zu versorgen, ein Bosch-Hammer zum Zerstören von Wänden, eine elektrische Kreissäge und eine Wiederbelebungsmaschine und eine vorbildlich eingerichtete Apotheke."

Wenn uns heute die in so ungewohnt überschwenglichem Ton gehaltene Beschreibung eventuell ein leichtes Lächeln abzunötigen vermag, so müssen wir uns 60 Jahre zurückversetzen. Es handelte sich bei dieser Motorspritze nicht nur für die damalige Zeit um ein hochmodernes Feuerwehrfahrzeug, das seinesgleichen suchte. Es blieb bis mindestens 1950 im Dienst! Es ist das besondere Verdienst des damaligen Leiters der DEA-Werkfeuerwehr, Branddirektor Otto Helm, weitvorausschauend den Prototyp eines dreiachsigen Hilfeleistungslöschfahrzeugs geschaffen zu haben.

Herrn Klaus Helm, Bochum, wird für die Überlassung von Informationen und Fotos gedankt.

Vierachsige Universallöschfahrzeuge

Spezialität im Schweizer Kanton Zürich

von Wolfgang Rotter

Auf Grund begrenzter finanzieller Mittel wurde Anfang der neunziger Jahre im Schweizer Kanton Zürich das Konzept „Feuerwehr 2000" eingeführt. Ziel dieses Konzeptes ist es, die Alarmierung und Ausrüstung der Feuerwehren zu optimieren. Einen großen Anteil bei der Verwirklichung dieses Konzeptes trägt die Gebäudeversicherung des Kantons Zürich (GVZ) mit ihrer Fachabteilung Kantonale Feuerwehr. Die Aufgaben der Kantonalen Feuerwehr sind Fachaufsicht über die Feuerwehren, Organisation der Stützpunktfeuerwehren, Erlaß von Feuerwehrdienstvorschriften, Durchführen von Lehrgängen, sowie das Subventionieren von Fahrzeugen, Feuerwachen und Ausrüstungen der Feuerwehren.

Nachdem die GVZ bereits im Jahr 1986 für die Feuerwehr Opfikon, diese bildet zusammen mit den Feuerwehren in Rümlang und Wallisellen den kantonalen Stützpunkt, ein von der Firma Rusterholz auf einem vierachsigen Volvo-Chassis aufgebautes Universallöschfahrzeug (ULF) beschafft hatte, wurde gegen Mitte der neunziger Jahre angedacht, auch die anderen Stützpunkte mit diesen Fahrzeugtyp auszurüsten. Da Bedarf an dreizehn Fahrzeugen bestand, wurde ein Pflichtenheft erstellt. Dieses schrieb für die zu beschaffenden Fahrzeuge u. a. ein vierachsiges Frontlenker-Fahrgestell mit einem zulässigen Gesamtgewicht von 28 t und einer Motorleistung von mindestens 500 PS, sowie ein automatisches Getriebe vor. Die mitzuführenden Löschmittelmengen waren mit einem Wasservorrat von 5000 l bis 6000 l, sowie einer Schaummittelmenge von 1500 l und einer 1500 kg-Pulverlöschanlage die permanent unter Druck gehalten wird, festgelegt. Die vorgeschriebene

Vorrangig für den Einsatz im Gubrist-Tunnel ist das 1986 für die Feuerwehr Opfikon-Glattbrugg beschaffte, erste ULF der GVZ vorgesehen. Die Firma Rusterholz baute es auf einem Volvo F 12 Chassis auf und stattete es, im Gegensatz zu den späteren Fahrzeugen, mit einer Rosenbauer-Pumpe aus

In der Gemeinde Marthalen, die zum Feuerwehrstützpunkt Weinland gehört, wurde 1995 das zweite ULF, ein Scania R143 EL mit Rosenbauer-Aufbau, in Dienst gestellt

Pumpenleistung sollte 4200 l/min bei 8 bar im Normaldruckbetrieb und mindestens 300 l/min bei 40 bar im Hochdruckbetrieb betragen. Des weiteren wurde ein im Fahrzeugaufbau integrierter, pneumatischer Lichtmast und eine Druckluft-Schnellangriffshaspel mit ca. 10 m Druckluftschlauch verlangt. An feuerwehrtechnischer Beladung wurden u.a. sieben Preßluftatmer mit Reserveflaschen, eine zweiteilige Schiebleiter und eine dreiteilige Steckleiter sowie 400 m Druckschläuche C 42, 400 m Druckschläuche C 52 und 800 m Druckschläuche B vorgeschrieben. Für den technischen Hilfeleistungseinsatz wurde die Mitführung eines Lufthebersatzes mit Zubehör, sowie eines umfangreichen Satzes hydraulischer Rettungsgeräte und eines 10 kVA-Generators gefordert.

Die Ergebnisse verschiedener Versuche über die bessere Sichtbarkeit von Feuerwehrfahrzeugen, waren der Grund, für den Beschluß der GVZ, das künftig alle im Kanton Zürich neu in Dienst zu stellenden Feuerwehrfahrzeuge, in der Farbe „lemon" zu lackieren und mit einem tagesleuchtroten Streifen zu versehen sind. So auch die neu zu beschaffenden Universallöschfahrzeuge.

Nach der Prüfung der Angebote fiel die Wahl bei den Fahrgestellen, auf Produkte der Hersteller Scania und Iveco. Scania hatte ein serienmäßiges vierachsiges Fahrgestell der Reihe R 143 EL, mit einer Motorleistung von 500 PS angeboten. Die Schweizer Iveco-Vertretung hatte ein mit 520 PS motorisiertes Eurostar-Fahrgestell des Typs 340 E 52 offeriert. Da der Iveco-Konzern in dieser Gewichtsklasse keine vierachsigen Fahrgestelle produziert, ließ die Iveco-Schweiz, dreiachsige Eurostar-Chassis von einer Spezialfirma zu Vierachsern umbauen. Auch die serienmäßigen Eurostar-Fernfahrerkabinen mußten für diese Fahrzeuge etwas verkürzt werden. Bei der Vergabe des feuerwehrtechnischen Aufbaus fiel die Entscheidung zu Gunsten der Schweizer Firmen Brändle, Rusterholz und Vogt, sowie der österreichischen Firma Rosenbauer aus.

So wurden im Jahr 1996 die ersten vier ULF, je zwei auf Scania- und Iveco-Fahrgestellen, in Dienst gestellt. Ein Scania mit Rosenbauer-Aufbau wurde beim Stützpunkt Weinland stationiert. Ein weiterer Scania, der einen Aufbau der Firma Vogt erhielt, kam zur Feuerwehr Affoltern am Albis. Die beiden Iveco-

Zur Feuerwehr Bülach gelangte 1996 ein von Rusterholz auf ein Iveco EuroStar-Chassis aufgebautes Fahrzeug

Ein Einzelstück blieb das 1996 von der Wiler Firma Brändle aufgebaute ULF. Hier wurde, ebenso wie bei dem Bülacher Fahrzeug, die serienmäßige Iveco Fernfahrer-Kabine verkürzt

Ebenfalls im Jahr 1996 wurde bei der Feuerwehr in Affoltern am Albis der zweite Scania stationiert. Der Aufbau wurde von der Vogt AG erstellt (Foto: Vogt AG)

Chassis wurden mit einem Brändle-, bzw. einem Rusterholz-Aufbau versehen. Das von Brändle aufgebaute Fahrzeug kam zu der kantonalen Stützpunktfeuerwehr Walliselen, während das von Rusterholz gefertigte Fahrzeug zur Feuerwehr Bülach gelangte.

Interessant ist auch die Pumpentechnik, die der jeweilige Aufbauhersteller einbaute. Rosenbauer verwendete eigene Pumpen. Dagegen wurde in dem von der Firma Vogt aufgebauten ULF, eine Ziegler-Pumpe eingebaut. In das von Rusterholz aufgebaute Fahrzeug wurde eine Pumpe der Ulmer Firma Magirus eingebaut. Brändle schließlich verwendete in dem von ihnen gebauten Fahrzeug eine britische Godiva-Pumpe.

ULF der GVZ
Technische Daten (Stand 30.06.1999)

Standort	in Dienst	Chassis	Aufbau	Wasservorrat
Opfikon-Glattbrugg	1986	Volvo F 12	Rusterholz	4500 l
Marthalen	1995	Scania R 143 EL	Rosenbauer	5000 l
Walliselen	1996	Iveco 340 E 52	Brändle	5500 l
Bülach	1996	Iveco 340 E 52	Rusterholz	5100 l
Affoltern a. Albis	1996	Scania R 143 EL	Vogt	5000 l
Dietikon	1998	Scania R 144 GB	Rosenbauer	5000 l
Uster	1998	Iveco 340 E 52	Rusterholz	5100 l
Dielsdorf	1998	Scania R 144 GB	Vogt	5500 l
Hinwil	1998	Scania R 144 GB	Rusterholz	5100 l
Horgen	1998	Scania R 144 GB	Rusterholz	5100 l
Kloten	1999	Scania R 144 GB	Rusterholz	5100 l
Meilen	im Bau	Iveco 340 E 52	Rusterholz	5100 l
Zürich	im Bau	Iveco 340 E 52	Rusterholz	5100 l
Winterthur	im Bau	Iveco 340 E 52	Rusterholz	5100 l

Auf Grund der mit diesen vier ULF gesammelten Erfahrungen wurden nun die weiteren Fahrzeuge bestellt. Hierbei hatten die jeweiligen Stützpunktfeuerwehren auch ein Mitspracherecht, die Wahl des Fahrgestelles bzw. des Aufbauherstellers betreffend. Hier fiel die Entscheidung, fünf Scania- sowie vier Iveco-Fahrgestelle zu beschaffen. Da Scania zwischenzeitlich eine neue Fahrgestellgeneration auf den Markt gebracht hatte, wurden nun Fahrgestelle der Baureihe R 144 GB angeliefert, diese waren mit 530 PS auch stärker motorisiert. Bei den zu beschaffenden Iveco-Chassis sah man von einer Verkürzung der Fahrerhäuser ab, so daß die serienmäßigen Fernfahrerkabinen beibehalten wurden. Die Aufträge über den feuerwehrtechnischen Aufbau wurden wie folgt vergeben: je ein Scania-Chassis bauten die Firmen Rosenbauer und Vogt auf, die restlichen sieben Aufbauten wurden von der in Richterswil am Zürichsee liegenden Firma „Carrosserie Rusterholz AG" erstellt.

Die Planungen der GVZ sehen vor, daß mit der Lieferung des ULF für die Berufsfeuerwehr Winterthur zum Ende des Jahres 1999 die Beschaffung dieser Fahrzeuge abgeschlossen ist. Der Anschaffungspreis für ein komplett ausgerüstetes ULF beträgt rund 1,1 Millionen Schweizer Franken. Alle ULF wurden zu 100 % von der GVZ subventioniert, so daß diese Fahrzeuge im Eigentum der GVZ stehen. Aber auch die laufenden Unterhaltskosten dieser ULF werden ebenso wie die Kosten für die an diesen Fahrzeugen notwendige Ausbildung der Einsatzkräfte von der GVZ getragen. Dies erklärt, warum diese Fahrzeuge neben dem Wappen des jeweiligen Stützpunktes auch das Logo der GVZ tragen.

Der Einsatzraum dieser ULF erstreckt sich über das gesamte Kantonsgebiet, auf Anforderung kommen sie aber auch in den benachbarten Kantonen zum Einsatz. Die für diese ULF notwendigen Einsatzkräfte werden ebenfalls von der jeweiligen Stützpunktwehr gestellt. Sie rücken mit einem Personentransportfahrzeug, zusammen mit dem ULF, aus. Die Kosten für diese Einsätze werden ebenfalls von der GVZ übernommen.

Eines der ersten Fahrzeuge auf dem neuen Scania-Chassis der Reihe R 144 GB wurde ebenfalls von der Vogt AG aufgebaut. Eingesetzt wird dieses Fahrzeug seit 1998 von der Feuerwehr Dielsdorf. Beim Aufbau kam eine andere Konstruktion als bei dem zuerst gebauten Fahrzeug zum Einsatz (Foto: Vogt AG)

Das zweite von Rosenbauer aufgebaute Fahrzeug, gelangte ebenfalls 1998 zur Feuerwehr Dietikon. Die Feuerwehr Dietikon hatte sich ebenfalls für einen Scania entschieden. Auch hier unterscheidet sich der Aufbau, von dem zuerst gebauten Fahrzeug.

Bei der Feuerwehr in Hinwil wurde im Jahr 1998 ein Scania mit Rusterholz-Aufbau stationiert.

Die Feuerwehr Uster erhielt 1998 einen von Rusterholz aufgebauten Iveco EuroStar. Bei diesen Fahrzeug wurde aus Kostengründen die serien mäßige Fernfahrerkabine beibehalten.

Einsatzleitwagen der Sonderklasse

Der neue ELW 5 der Berufsfeuerwehr Köln

von Johannes Feyrer, Peter Hartl und Klaus Maurer

Bei der Berufsfeuerwehr Köln wurde im Mai 1999 ein neuer Einsatzleitwagen als Sattelzug in Ausschubtechnik in Dienst gestellt, der hinsichtlich seines Aufgabenspektrums, seiner Konzeption und seiner Realisierung bisher bekannte Konzeptionen übertrifft. Der bisherige Einsatzleitwagen vom Typ ELW 3 war seit 1979 im Dienst. Eine veraltete Technik, die nicht mehr praxisgerechte Raumaufteilung und zu erwartende hohe Reparaturkosten machten die Neubeschaffung eines ELW 2 mit Auslegung nach ELW 3 erforderlich.

Zum taktischen Hintergrund des Fahrzeugs

Das Umfeld

Die Leitung von Großeinsätzen der Feuerwehr stellt heute in allen Leistungsbereichen des Aufgabenspektrums hohe Anforderungen an die Führungsqualität der Mitarbeiter sowie an die technische Ausstattung der Einsatzleitung und ihrer Führungsmittel. Diese sind gekennzeichnet durch:

- Abschnitte zur Schadensbekämpfung am Ereignisort
- Periphere Abschnitte, z.B. Schadstoffmessung und -bewertung
- Mitwirkung zahlreicher relevanter Behörden
- Einbindung der Betreiber
- Neue Führungskonzepte mit Aufgabenverlagerung hin zur örtlichen Einsatzleitung

Speziell für die Berufsfeuerwehr Köln ergibt sich, daß nicht nur akute Schadensereignisse ein professionelles Management benötigen. Zahlreiche Großveranstaltungen, Festivals oder politische Großveranstaltungen wie das EU-Ministerratstreffen oder der G8-Gipfel erfordern eine gesamtstädtische Koordination. Erschwerend ist dabei, daß die mitwirkenden Ämter in der Regel nicht über die dazu notwendige

Der ELW 5 in Fahrstellung, erstmals in Köln mit gelbem Seitenstreifen zur Kennzeichnung von Führungsfahrzeugen Foto: Dube

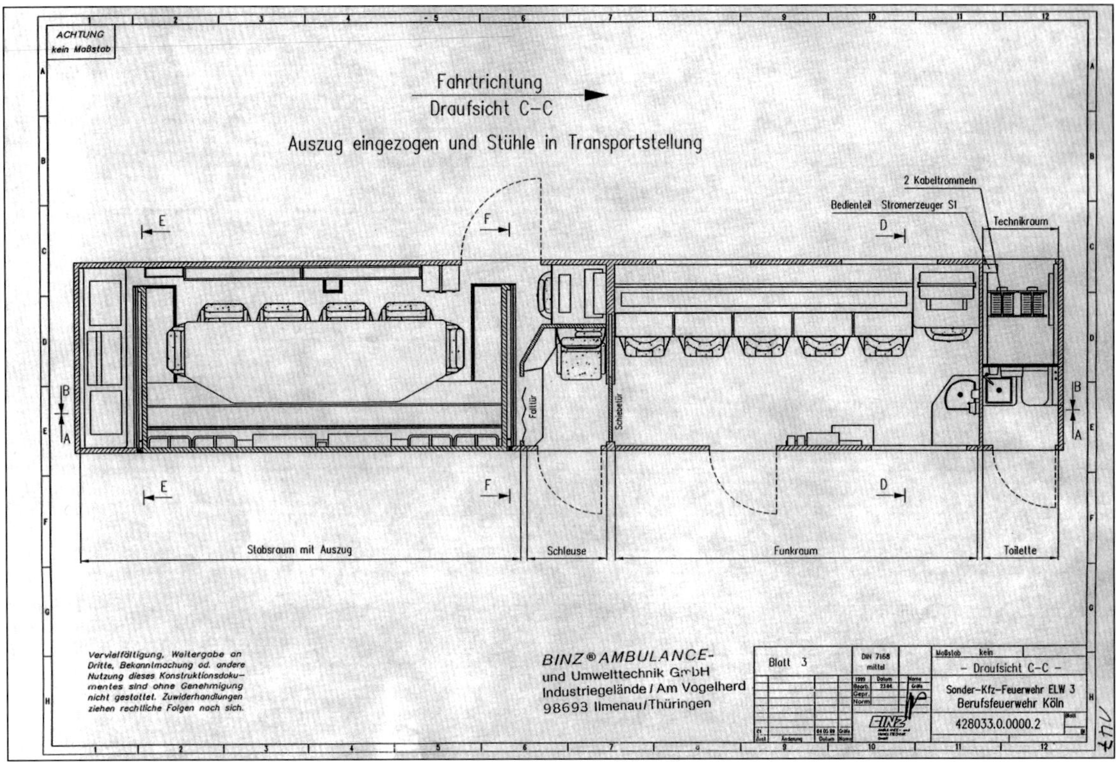

Auszug eingezogen und Stühle in Transportstellung Zeichnung: Binz

personelle und materielle Infrastruktur verfügen und keine suffizienten Führungsmittel einsetzen können. Hier ist es ein gesamtstädtisch wichtiges Aufgabenfeld der Feuerwehr, auch für diese Zwecke eine möglichst immer gleiche, geprüfte und auf die Gefahrenabwehr ausgerichtete Führungsstruktur bereitzustellen.

Neukonzeption

Grundlage der Neukonzeption sind die Feuerwehrdienstvorschriften und die darauf aufbauenden Festlegungen zur Führungsorganisation der Feuerwehr Köln. Nach einer Schwachstellenanalyse ergaben sich folgende Hauptforderungen:

- Arbeitsmöglichkeiten für 18 Personen auf möglichst quadratischer Grundfläche von 25 m^2
- Rüstzeit am Einsatzort maximal 15 Minuten
- Es sollte ein vom Stabsraum getrennter Eingangsbereich und eine Möglichkeit der Grobreinigung außerhalb des Fahrzeugs angeboten werden
- Die Informationsverarbeitung, deren Weitergabe und die Entscheidungsfindung im Stab soll langfristig EDV-gestützt abgewickelt werden
- Um auf im Amt oder im Intranet der Stadt vorhandene Informationen zugreifen zu können, ist eine Einbindung des ELW-Rechners in das Hausnetz vorzusehen
- Die Lagedarstellung sollte durch ein Datadisplay mit Grafikarbeitsplatz sowie einen A3-Scanner und -farbdrucker unterstützt werden
- Sicherheitsrelevante Blitzmeldungen (z.B. drohender Gebäudeeinsturz) müssen unmittelbar aus dem Stabsraum über den Führungskanal abgesetzt werden können
- Einsatz in der Bürotechnik üblicher PC-Systeme

Die Besetzung des ELW 5

Das Fahrzeug ist auf der Hauptfeuerwache stationiert und wird von der Besatzung eines der Wechselladerfahrzeuge zur Einsatzstelle gebracht und in Bezug auf die Haustechnik aufgebaut und betrieben.

Das Stabspersonal setzt sich zusammen aus im Schichtdienst befindlichen Einsatzleitern und aus der Freizeit alarmierten Führungskräften. Während der Bürodienstzeiten kann das Fahrzeug bereits mit einem „Minimalstab" ausrücken.

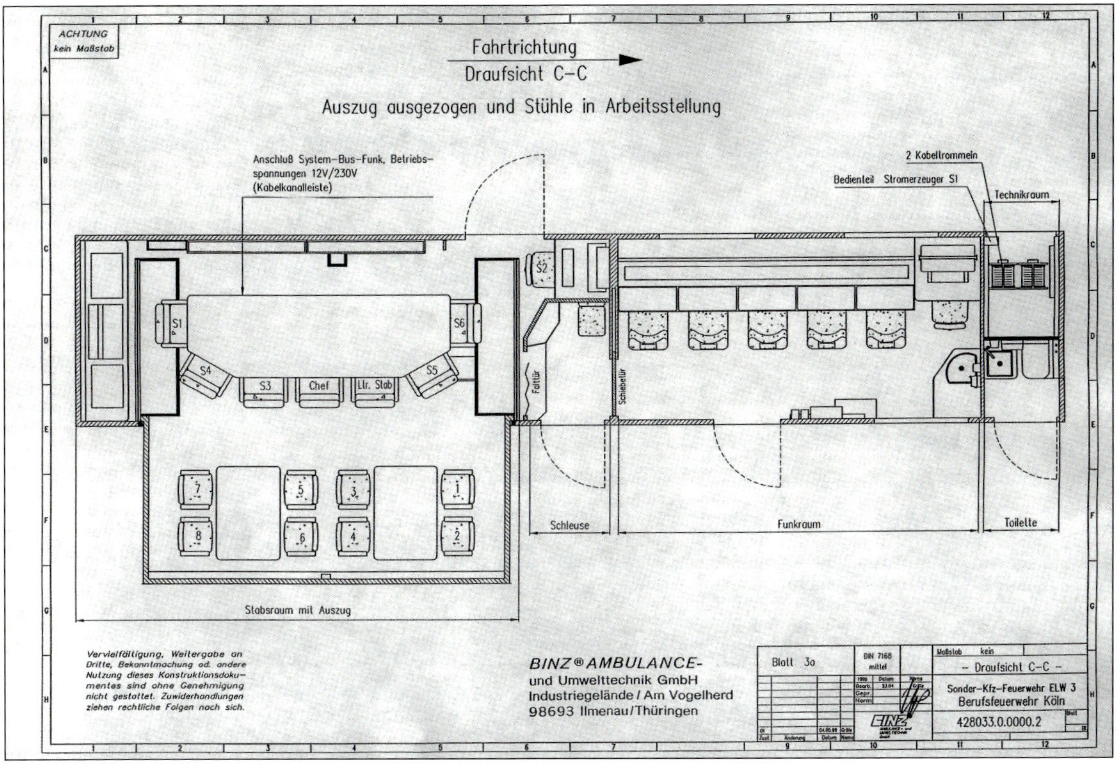

Auszug ausgezogen und Stühle in Arbeitsstellung Zeichnung: Binz

Zur Sicherstellung des Fernmeldebetriebs im ELW wird seit über zehn Jahren der Fernmeldezug 2 der Freiwilligen Feuerwehr Köln eingesetzt. Dieser sichert mit einer Gesamtpersonalstärke von 36 Einsatzkräften die unverzügliche Besetzung des Funkraums, führt den notwendigen Feldkabelbau zur Anbindung des Fahrzeuges an öffentliche oder firmeneigene Festnetze durch und unterstützt die Einsatzleitung beim Aufbau und Betrieb komplexer Fernmeldestrukturen. Bei speziellen Problemen an der Einsatzstelle kann auf einen ständigen Bereitschaftsdienst der Abteilung Kommunikationstechnik zurückgegriffen werden.

Die Technik des neuen Fahrzeugs

Das fahrzeugtechnische Grundkonzept

Die die Fahrzeugtechnik dominierende Anforderung des taktischen Anforderungsprofils war die Forderung nach einem „Stabsraum mit einer Grundfläche von ca. 25 m^2 und möglichst quadratischer Grundfläche". Da eine solche Forderung mit einem Fahrzeug von maximal 2,50 m Breite nicht ohne weiteres erfüllbar ist, mußte nach technischen Hilfsmitteln gesucht werden. Aus dem Marketingbereich sind sogenannte „Infomobile" bekannt, die durch Ausschubtechnik mobile große Räume herstellen. Erste Firmenkontakte ließen erkennen, daß die gewünschte Raumgröße problemlos darstellbar ist und bereits realisiert wurde, wenn auch nicht im Feuerwehrbereich. Hinsichtlich des Funkraumes war eine Ausschubtechnik nicht erforderlich, da bei längsgestelltem Funktisch auch bei einer Fahrzeugbreite von 2,50 m genügend Platz zur Verfügung steht. Eine erste überschlägige Berechnung der Länge aller benötigten Räume ergab bereits einen Bedarf von ca. 12,50 m ohne Fahrer- und Motorbereich. Damit schied sowohl eine Buskonzeption als auch eine eingliederige LKW-Version aus, da diese Fahrzeuge eine maximale Länge von 12 m aufweisen dürfen.

Damit stand die fahrzeugtechnische Grundkonzeption fest: Sattelauflieger mit Stabsraum in Ausschubtechnik. Der mit dieser Festlegung verbundene Einstieg in ein Sattelzugkonzept bei der Berufsfeuerwehr Köln wurde akzeptiert, da die Zugmaschine auch für den Transport anderer denkbarer Auflieger (z.B. Tieflader) nutzbar ist. Auch die Fahrzeuggröße wird unkritisch eingeschätzt, da der Standort des ELW abseits des Schadensereignisses sein sollte und eine Analyse vergangener Einsätze keine Stellplatzprobleme erwarten läßt.

Die Ausschubtechnik

Der hintere Teil des Aufbaus läßt sich über einen Ausschubmechanismus auf 4,50 m verbreitern. Über vier Stützzylinder erfolgt zunächst eine automatische Hydronivellierung, die über Rechner und Neigungssensoren gesteuert wird. Per Fernbedienung wird der Ausschub auf vier kugelgelagerten Schwerlastschienen mittels doppeltwirkendem Hydraulikzylinder aus- und eingefahren. Hierbei wird der Boden des Ausschubteils durch drei Hydraulikzylinder mittig angehoben und dann zusammengeklappt. Zwei weitere Hydraulikzylinder sorgen für die Verriegelung des Ausschubs.

Der Betrieb der Hydraulikanlage erfolgt über eine elektrische Hydraulikpumpe. Als Redundanz für die Funktion Ausschieben ist eine Handpumpe vorhanden.

Der Zeitbedarf für den kompletten Aufbau beträgt maximal 15 Minuten.

Es ist möglich, den ELW in der Anfangsphase aufgesattelt ohne hydraulische Abstützung zu betreiben. Bei längerem Einsatz ist es jedoch sinnvoll, das Fahrzeug abzukuppeln, auszunivellieren und abzustützen. Außerdem sind zur Stabilisierung des Ausschubs zwei Handkurbelstützen vorhanden, wodurch die Belastungsgrenze im nicht abgestützten Ausschub von 700 kg überschritten werden kann.

Der Stabsraum

Hauptelement ist ein Besprechungstisch für den Stab mit insgesamt sieben Arbeitsplätzen von je 70 cm x 50 cm freier Arbeitsfläche (Gesamtgröße 3,5 m x 1,0 m) für:

- Einsatzleiter
- Leiter Stab
- 4 Sachgebietsleiter, z.B. S1/S4, S2, S3, S5
- Leitender Notarzt

Alle elektronischen Anschlüsse befinden sich auf der Rückseite des Tisches.

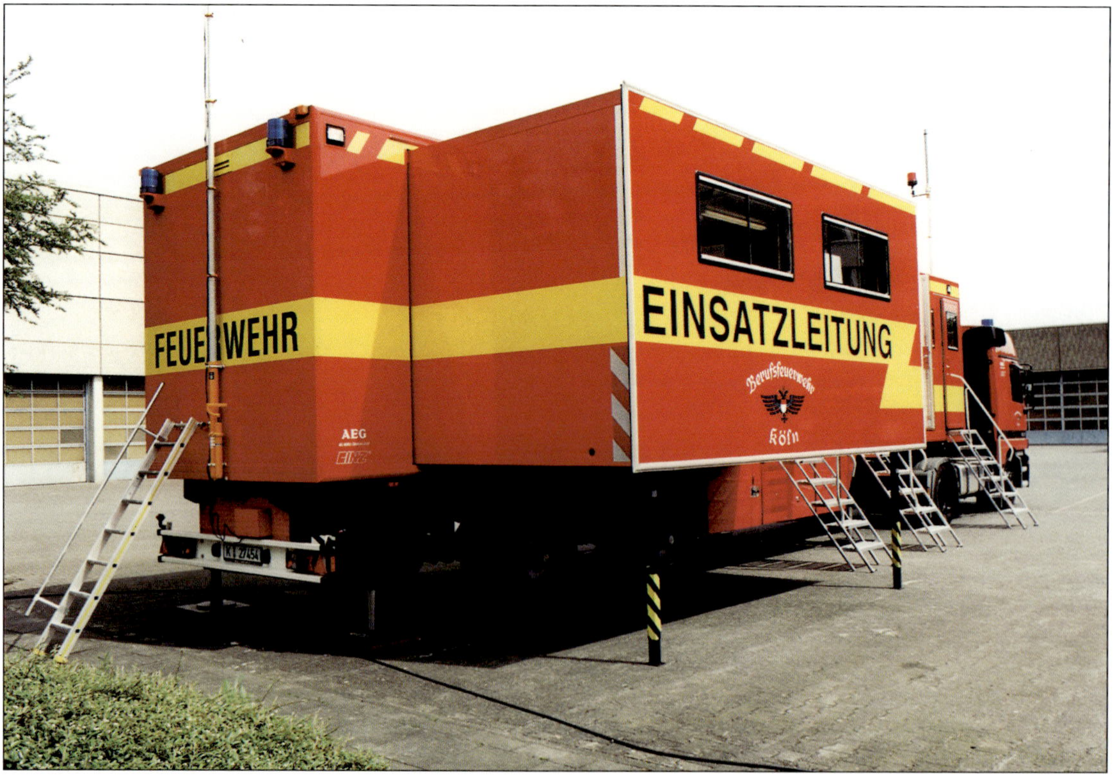

Der Sattelauflieger ist ausgeschoben und abgestützt. Der Zugang wird über drei Ausschubtreppen ermöglicht. Am Heck befindet sich eine Leiter als Aufstiegshilfe zur Funkantenne

Foto: Dube

Stabsraum-Ausschubteil mit Arbeitsplätzen für Fachberater

Stabsraum-Arbeitstisch mit Lagekarte. Im Hintergrund das Medienregal, darüber die Klimaanlage

Fotos: Dube

Funkraum mit fünf Arbeitsplätzen und einem Sonderarbeitsplatz Foto: Dube

Im unmittelbaren Blickfeld des Stabes befindet sich die Projektionswand zur Lagedarstellung auf einer Grundfläche von ca. 4 m x 1,2 m. Darüber lassen sich zwei Elemente von ca. 1,6 m x 1,2 m schieben, auf denen sich u.a. vorgefertigte Magnettafeln aller Einsatzfahrzeuge der Kölner Feuerwehr befinden. Über einen Teil der Lagekarte läßt sich eine Leinwand ziehen, um z.B. Folien oder über Videobeamer Bildschirminhalte projezieren zu können.

Darüberhinaus sind Einsatzpläne und Einsatzmaterialien gut zugänglich verstaut. Jedes Stabsmitglied hat seinen eigenen Koffer mit einer Grundausstattung spezifischen Inhalts.

Die Funktechnik

Im Funkraum des ELW sind insgesamt fünf Mobilfunkgeräte des Typs Teledux 9 (80 bzw. 160-BOS) Fabrikat AEG, zum Betrieb von drei 4 m- und zwei 2 m-Funkverkehrskreisen fest eingebaut. Zusätzlich verfügt das Fahrzeug über ein in der Zugmaschine eingebautes 4 m-Mobilfunkgerät und ein als tragbare Relaisstelle verwendbares 2 m-Mobilfunkgerät gleichen Typs. Die fünf fest eingebauten Mobilfunkgeräte können von insgesamt sechs Funkabfrageplätzen des Typs AEG-FA2-6/6 bedient werden, wovon ein Funkabfrageplatz beweglich im Stabsraum untergebracht ist. Die Funkgeräte sind über ein steckbares Antennenkoppelfeld auf zwei Kombiantennen für den 2 m- und 4 m-Funkverkehr, die jeweils an den Stirnseiten des Sattelaufliegers auf pneumatisch ausfahrbaren Teleskopmasten aufgesetzt sind, und eine 4 m-Nahbereichsantenne, die unterflur fest angebracht ist, angeschlossen. Weiterhin kann bei Bedarf eines der Funkgeräte auf eine extern abgesetzte Antenne rangiert werden.

Von jedem Funkabfrageplatz aus können alle Funkverkehrskreise selektiert und mittels Handapparat, Freisprechmikrophon oder Kopfsprechgarnitur besprochen werden. Den Funkabfrageplätzen im Funkraum steht jeweils eine Fußsendetaste zur Verfügung.

Die Telefontechnik

Als Endgeräte werden derzeit im ELW
- 11 Tischgeräte mit den üblichen Leistungsmerkmalen moderner Bürokommunikation
- 7 digitale Schnurlostelefone und
- 1 C-Netz-Telefon mitgeführt,
- zusätzlich ein frei verfügbarer Apparat.

Hiervon sind zwei Systemapparate fest im Funkraum installiert und als Vermittlungsstelle konfiguriert. Die Schnurlostelefone sind ebenfalls fest an die TK-Anlage angeschlossen.

Die zusätzlich mitgeführten Telefone können bei Bedarf über vorkonfigurierte Anschlußdosen im Funkraum und Stabsraum angeschlossen werden. Zwei der Apparate können über nach außen geführte Anschlußdosen (CAT5/RJ 45) vom ELW abgesetzt betrieben werden. Die eingesetzte Technik erlaubt einen abgesetzten Betrieb noch in rund 1,5 km Entfernung über Zweidrahtverbindungen ohne Zusatzspeisung. Ebenfalls wurde eine analoge Telefon-Anschlußdose (TAE) mit zwei Leitungen nach außen in den Fernmeldeanschlußkasten abgesetzt, um im Bedarfsfalle nachgeführte oder vor Ort vorgefundene Endgeräte, wie Fax, Modem oder Telefone, an die TK-Anlage anzuschließen und abgesetzt zu betreiben.

Neben der TK-Anlage sind noch insgesamt 38 Verbindungen vom Fernmeldeanschlußkasten in den Fernmeldebetriebsraum (LSA Plus) fest verdrahtet. Hiervon sind 20 Verbindungen über eine außenliegende Fernmeldeklemmleiste auf ein Patchfeld und 17 Verbindungen zum Anschluß einer Fernsprechvermittlung 30 mit Amtszusatz (OB) nach innen verlegt. Alle Fernmeldeeingänge sind mit entsprechenden Blitzschutzpatronen gegen Überspannung geschützt. Die sehr umfangreiche Vorrüstung für zusätzliche Fernmeldeverbindungen kann frei wählbar belegt werden und dient beispielsweise dem Anschluß von:
- werkseigenen digitalen Telefonen an Nebenstellenanlagen von Betrieben und Werken
- Direkttelefonen oder Amtsanschlüssen im Stabsraum
- Datenleitungen und
- OB-Apparaten.

Weiterhin ist an den Anschluß einer Übertragungsstrecke im digitalen schnurlosen Betrieb (DECT) gedacht, die es erlaubt, einen PC im ELW per Modem an eine Basisstation für Schnurlostelefone anzuschließen. Das Gegenstück der Übertragungsstrecke besteht allerdings nicht aus einem Schnurlostelefon, sondern aus einer Telefonanschlußdose (TAE), an die wiederum ein Laptop mittels Modem angeschlossen ist. Auf diese Weise ist es möglich, im Bereich von etwa 300 m im Freien oder rund 50 m in Gebäuden, Daten von einem PC in den ELW zu übertragen. Der Einsatz könnte bei abgesetzten Befehlsstellen oder nach Aufbau eines Behandlungsplatzes beim Massenanfall von Verletzten den schnellen Informationsaustausch zum ELW sicherstellen.

Sanitärzelle vorne rechts im Aufbau mit separatem Zugang

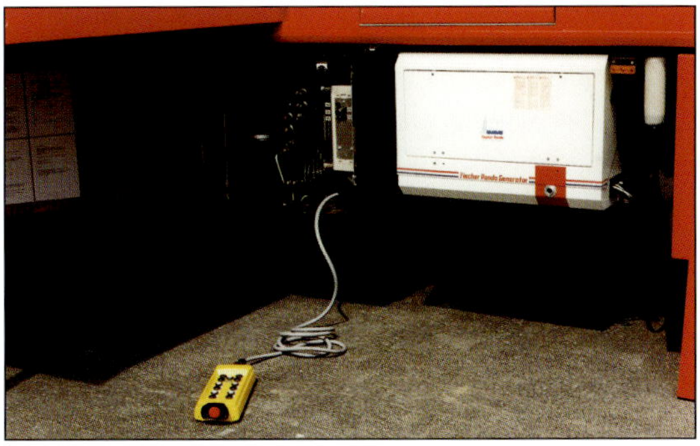

Fernbedienung für den hydraulischen Ausschub, daneben eines der beiden Stromaggregate Fotos: Dube

Die Datentechnik

Für die Bereitstellung von Informationen aus mitgeführten Datenbanken oder externen Quellen bzw. zur Verarbeitung von vor Ort erfaßten Daten stehen insgesamt zwei fest eingebaute moderne PC mit Netzwerkkarte, CD-ROM-Laufwerk und ISDN-Karte bzw. Modem zur Verfügung. Diese beiden PC sind sowohl untereinander vernetzt als auch über einen Sternkoppler (Hub) an ein drahtloses Funkdatennetz des ELW angeschlossen. In diesem drahtlosen Netzwerk sind derzeit zwei Laptops eingebunden. Sie können im ELW und im Nahbereich des ELW eingesetzt werden, ohne die Verbindung zu den anderen PC zu unterbrechen. Ein A3-Farbdrucker, sowie ein A4-Kombigerät (Fax, Farbdrucker und Scanner) können beliebig über das Netzwerk angesteuert und benutzt werden. Als Software werden derzeit das Microsoft Office Paket 98, eine Gefahrgutdatenbank und herkömmliche Programme zum Datenaustausch unter WIN-NT 4.0 eingesetzt.

Individuelle Anwendungen zur gezielten Unterstützung der Stabsarbeit sind derzeit noch nicht im Einsatz. Aufgabenspezifische Vordrucke und Arbeitsblätter für jedes Stabsmitglied, objekt- und ereignisbezogene Einsatzpläne sowie notwendiges Kartenmaterial sind derzeit in Vorbereitung und müssen schrittweise eingepflegt werden.

Mittelfristig wird das Inhouse-Netz der Branddirektion ebenfalls mit einem Sternkoppler zur drahtlosen Übertragung in das ELW-Netz aufgerüstet, um die Daten im ELW online aus dem Büro heraus zu aktualisieren und zu ergänzen. Eine gesicherte Verbindung zwischen der Einsatzleitstelle und dem ELW am Einsatzort kann derzeit nur bei planbaren Einsätzen per Drahtanbindung hergestellt werden. Bei nicht vorkalkulierbaren oder kurzfristigen Einsatzstellen steht eine solche Datenübertragungstrecke mit den notwendigen Übertragungsraten derzeit noch nicht zur Verfügung.

Das langfristige Ziel ist es jedoch, jederzeit Daten zwischen Einsatzort und Einsatzleitstelle schnell übertragen zu können. Somit wäre eine direkte Anbindung an den Einsatzleitrechner, an Geo-Informations-Systeme, an eine Audio- und Videokonferenz oder an andere externe Informationsquellen ebenso möglich, wie die Übertragung wichtiger Bild- und Tondokumente, sowie auch Rückmeldungen oder Lagebeschreibungen von der Einsatzstelle in die Leitstelle.

Und was sagt die Norm dazu?

Gerade wurden neue Normen über Einsatzleitwagen veröffentlicht und dabei die Norm für den „großen" ELW 3 zurückgezogen, und nun gar ein ELW 5 – er heißt übrigens deswegen „Fünf", weil er auf der Feuerwache 5 stationiert ist. Ist das nicht ein Widerspruch?

Sicher nicht – denn Normen legen Anforderungen an Standardfahrzeuge fest, die weite Verbreitung finden.

Wie aus dem taktischen Anforderungsprofil ersichtlich, sind die Anforderungen der Berufsfeuerwehr Köln an ihren ELW wesentlich höher als andernorts: Einsatz nicht nur bei Großschadensereignissen, sondern auch bei Großereignissen, die koordiniertes Verwaltungshandeln unter Führung der Feuerwehr erfordern. Deswegen kann die Systemlösung in diesem Einsatzfall eben nicht der genormte ELW 1 oder ELW 2 sein, der übrigens in Köln an anderen Stellen selbstverständlich eingesetzt wird.

Unabhängig davon umfaßte das Pflichtenheft eine Vielzahl von Festlegungen aus den einschlägigen Normen wie DIN 14502 (Allgemeine Anforderungen), DIN 14507 (ELW) etc., sie waren wertvolle Grundlagen für den Kölner ELW.

Technische Daten

Gesamtlänge:	15,90 m
Gesamthöhe:	3,78 m
Gesamtgewicht:	21.000 kg
Wendekreis:	17,70 m

Zugmaschine

Daimler-Chrysler Actros Typ 1831,
Motorleistung: 230 kW bei 1800/min
L-Fahrerhaus für 6 Einsatzkräfte
Niederquerschnittsreifen
Luftgefederte Hinterachse

Sattelauflieger

Aufbau ATT, Hamburg
Ausbau Binz Ambulance- und Umwelttechnik, Ilmenau
Zweiachsiger Auflieger in Niederrahmenkonstruktion
Luftgefederte Tandemachse mit Zwangslenkung
Kofferaufbau aus Sandwichpaneelen als selbstragende Einheit
5 große Fenster, 6 Türen mit Lichtöffnungen
Raumaufteilung: Stabsraum, Zugangsschleuse, Funkraum, Technikraum, Sanitärzelle
Zwei Antennenmasten, einer mit roter Blitzleuchte zur Kennzeichnung der Einsatzleitung
I+K-Technik: AEG-Mobile Communikation, Düsseldorf

KLF-Th

Eine Thüringer Spezialität

von Jochen Thorns

Wissen Sie, was die Ortschaften Bobeck, Büßleben, Dachrieden, Dorna, Kleineutersdorf, Remstädt, Thalbürgel, Voigtstedt und Wehnde gemeinsam haben? Ganz einfach: Die Freiwillige Feuerwehr der kleinen Dörfer ist mit dem Kleinlöschfahrzeug-Thüringen (KLF-Th) nach der Technischen Richtlinie für den Freistaat Thüringen ausgerüstet. Im folgenden soll dieses Löschfahrzeug einmal näher betrachtet werden.

Ende 1993 arbeitete das Brand- und Katastrophenschutzreferat im Thüringer Innenministerium die Grundlagen für ein Löschfahrzeug aus, das die noch vielfach in den 2005 freiwilligen Feuerwehren eingesetzten Tragkraftspritzenanhänger und das Kleinlöschfahrzeug-TS 8 auf Barkas B 1000 ersetzen konnte. Gerade die Tragkraftspritzenanhänger in den kleinen Ortsfeuerwehren entwickelten sich immer mehr zum Problem, denn seit der Wende im Jahr 1989 gab es vielfach keinen geregelten Vorspanndienst mehr, da die Betriebe, die bislang einen Traktor oder einen Lkw gestellt hatten, geschlossen wurden. Auch das KLF-TS 8 auf dem B 1000 der Barkas-Werke in Chemnitz war mit seinem 46-PS-Ottomotor für die bergige Landschaft Thüringens untermotorisiert. Das Ergebnis der Untersuchungen im Innenminsterium war das neugeschaffene Kleinlöschfahrzeug-Thüringen, das im Juli 1994 erstmals durch eine im Staatsanzeiger veröffentlichte Technische Richtlinie für die Freistaat-Feuerwehren quasi genormt wurde und als Alternative zu TSA und KLF-TS 8 genutzt werden soll.

Das KLF-Th ist laut Richtlinie ein „Sonstiges Feuerwehrfahrzeug" nach DIN 14502-01, welches zur Aufnahme der feuerwehrtechnischen Ausrüstung für eine Löschgruppe einschließlich einer Tragkraftspritze TS 8/8 geeignet ist. Daher dient es auch überwiegend der Brandbekämpfung in kleineren Gemeinden. Die Besatzung besteht – im Unterschied zu einem genormten TSF – aus einem Gruppenführer, einem Maschinisten, einem Melder und dem Angriffstrupp. Der Wasser- und der Schlauchtrupp sollen vom Fahrzeug unabhängig zur Einsatzstelle kommen.

Für das KLF-Th ist nur die Verwendung eines serienmäßigen Straßen-Fahrgestells mit Differentialsperre an der Hinterachse sowie mit Doppelkabine und separatem Gerätekoffer zulässig. Die Ausführung

Dieses KLF-Th der FF Teistungen wurde 1994 von der Firma Brandschutztechnik Müller in Zusammenarbeit mit der Firma Boddenberg gebaut. Das Fahrgestell ist ein MB 310 mit Benzinmotor. Als Besonderheit verfügt das Fahrzeug über einen kleinen Lichtmast

Das erste Serien-KLF-Th erhielt 1994 die FF Fröttstedt. Es handelt sich um ein MB 310 mit Aufbau von Müller/Boddenberg. Der Prototyp ging wenige Wochen zuvor an die FF Leinefelde

mit getrenntem Mannschafts- und Geräteraum wurde gewählt, um bei einem Unfall die größtmögliche Sicherheit für die Besatzung zu erreichen. Außerdem sind die Geräte bei einem speziell angefertigtem Kofferaufbau von drei Seiten zugänglich und so leichter zu entnehmen. Das zulässige Gesamtgewicht des KLF-Th beträgt 3500 kg. Interessant ist, daß eine Anhängekupplung anfangs nicht vorhanden sein durfte. Erst mit der Überarbeitung der Richtlinie im Jahr 1997 wurde sie indirekt zugelassen: sie darf fortan nicht serienmäßig vorhanden sein. Als Motor ist ein Otto-Motor mit einer Leistung von mindestens 75 kW (etwa 100 PS) und maximal 100 kW (136 PS) vorgeschrieben. Obwohl laut Technischer Richtlinie durchaus auch ein Dieselmotor mit gleichen Leistungsparametern Verwendung finden kann, ist dem Verfasser bisher kein derartiges Fahrzeug bekannt. Als Fahrgestell kamen anfangs der MB 310 und seit 1995 der MB 314 (Sprinter) zum Aufbau.

Der Prototyp des KLF-Th wurde im September 1994 an die FF Leinefelde ausgeliefert. Insgesamt wurden bis 1998 421 Fahrzeuge für das Land Thüringen gebaut. In 212 Fällen wurde der MB 310 als Fahrgestell verwendet. Die restlichen Fahrzeuge haben den MB Sprinter als Basis. Aufbauhersteller war ausschließlich die Firma Brandschutztechnik Müller in Günthersleben bei Gotha – auch wenn bei einigen Fahrzeugen im Typenschild die Firma Boddenberg aus Wietmarschen angegeben ist.

Der Grund ist einfach: Die rund 63500 Mark teuren Fahrzeuge wurden bis 1998 vom Thüringer Innenministerium mit rund 50 Prozent der Anschaffungskosten bezuschußt, um eine schnelle Modernisierung der Ortsfeuerwehren zu erreichen. Daher wurden die Fahrzeuge in größeren Stückzahlen zentral vom Land europaweit ausgeschrieben. Den Zuschlag für die erste Lieferung bekam die Firma Boddenberg, allerdings unter der Voraussetzung, mit einem thüringischen Feuerwehrausrüster zusammenzuarbeiten. Dieser Partner war schnell in der Firma Müller gefunden, die 1994 gerade mit zwölf Mitarbeitern die Niederlassung in Günthersleben eröffnet hatte. Daher prangen an den Fahrzeugen der ersten Serie sowohl Firmenschilder von Boddenberg als auch von Müller, obwohl alle Fahrzeuge bei Müller zusammengebaut wurden. Nach dem Konkurs der Firma Boddenberg im Jahr 1995 wurden die weiteren Fahrzeuge ausschließlich bei Brandschutztechnik Müller in Günthersleben (der Hauptsitz der mittelständischen Firma liegt in Zierenberg bei Kassel) gebaut. Einzelne Teile des Kofferaufbaus werden übrigens von Brandschutztechnik Görlitz (BTG), heute Teil des Iveco Magirus-Brandschutztechnik-Verbunds, zugeliefert.

Das aus Aluminium-Spezialprofilen in Schraubbauweise hergestellte Aufbaugerippe ist mit Alu-Blech verkleidet. Im Kofferaufbau ist die nach der Technischen Richtlinie vorgesehene Beladung, unter-

Dieser MB 314 wurde 1996 von Brandschutztechnik Müller für die FF Brehme als KLF-Th ausgebaut. Das Fahrzeug verfügt als Sonderausstattung über ein tragbares 2,5 kVA-Stromaggregat, einen Lichtmast und eine Motorkettensäge

Das KLF-Th der FF Wüstheuterode wurde ebenfalls 1996 von Müller auf einem MB 314 aufgebaut. Es wurde zusätzlich mit einem Lichtmast und einem Behälter für Ölbindemittel oder nasse Schläuche ausgerüstet. Preßluftatmer waren zum Zeitpunkt der Aufnahme nicht vorhanden

Die Stadt Nordhausen beschaffte 1997 für die Ortsfeuerwehr Leimbach dieses KLF-Th auf MB 314 mit einem Müller-Aufbau

Die Feuerwehr Erfurt stellte für die kleineren Ortsfeuerwehren mehrere KLF-Th in Dienst. Dieses Fahrzeug der FF Tieftal wurde 1997 auf einem MB 314 gebaut

teilt in eine Standardbeladung und eine Beladung nach örtlichen Belangen, untergebracht, die stark an der des TSF angelehnt ist. Hierbei wurde insbesondere beachtet, daß auch noch zahlreich vorhandene DDR-Geräte weiterbenutzt und damit auf dem Fahrzeug gelagert werden können. Die Standardbeladung umfaßt – im Gegensatz zum TSF – bereits vier Preßluftatmer. Ansonsten bestehen vor allem in der Schlauchausrüstung Unterschiede. So führt das KLF-Th zwölf B- und nur neun C-Druckschläuche sowie sechs A-Saugschläuche mit (TSF: 4 A, 8 B, 10 C). Komplett in der Standardbeladung gestrichen wurden Warnwesten, Warnflaggen und Winkerkellen sowie Schachthaken, Besen, Schaufel, Drahtschere, Stichsäge und Holzaxt. Auch einen Stützkrümmer sucht man in der Standardbeladung vergebens, obwohl ein B-Mehrzweckstrahlrohr zur Beladung gehört. Gegenüber dem TSF ist die Beladeliste trotz vorgesehener Ausrüstung für eine Gruppe in bestimmten Bereichen verringert worden. So werden nur ein Handscheinwerfer und vier Fangleinen mitgeführt. Zusätzlich gehören aber vier Feuerwehrbeile mit Tasche zur Ausrüstung!

Da das Fahrzeug eine Gewichtsreserve von mehr als 150 kg besitzt, kann eine Beladung nach örtlichen Belangen mitgeführt werden. Die technische Richtlinie schlägt beispielsweise eine zweiteilige Steckleiter oder Schaufel, Besen und Brechwerkzeug vor. Viele Fahrzeuge werden jedoch mit einer vierteiligen Steckleiter ausgerüstet. Auch die Firma Müller hat für das KLF-Th spezielle Zurüstsätze entwickelt, die im Fahrzeug eingebaut werden können. So können beispielsweise Halterungen oder entnehmbare Module für Atemluftreserveflaschen, Motorsäge, Stromerzeuger, Beleuchtungssatz, Be- und Entlüftungsgeräte, Tauchpumpe, Wasserstrahlpumpe, zusätzliche Druckschläuche, Hebekissen, Wassersauger, Schaumausrüstung Z 2 oder ein Universalcontainer für verschiedene Geräte eingebaut werden. Vereinzelt wurde auch schon das Hochdrucklöschgerät „Powerjet" der Firma Müller geliefert.

Relativ häufig bestellten die Feuerwehren einen am Heck angebauten Lichtmast, der per Handpumpe pneumatisch ausgefahren wird und zwei 12 V-Scheinwerfer trägt, die über die Fahrzeugbatterie gespeist werden. So hat beispielsweise auch die FF Wernshausen diesen Lichtmast an ihr KLF-Th anbauen lassen. Zusätzlich ist noch Ölbindemittel auf dem MB 314 Sprinter verlastet. Diese Zusatzausstattung ist jedoch in erster Linie von der finanziellen Situation der Gemeinde abhängig. So gibt es auch Fahrzeuge, die, um Geld zu sparen, nur mit der Minimalausrüstung und ohne Türbeschriftung bestellt werden. Dem Verfasser ist sogar ein Fall bekannt, in dem auf das (vorgeschriebene) Funkgerät aus Kostengründen verzichtet wurde.

Seit 1999 ist die staatliche Förderung der KLF-Th ausgelaufen. Seitdem können diese Fahrzeuge nur noch in einer Einzelausschreibung der Gemeinde beschafft werden. Da die technische Richtlinie weiterbesteht und noch 189 Gemeinden mit einem TSA sowie 192 Gemeinden mit einem KLF auf Barkas B 1000 ausgerüstet sind, dürften auch in Zukunft noch zahlreiche dieser Fahrzeuge in Dienst gestellt werden.

Das TLF 8

Eine Entwicklungsgeschichte

von Jochen Thorns

Die ersten im Jahr 1948 von der deutschen Industrie angebotenen Tanklöschfahrzeuge lehnten sich in der Konzeption und Ausführung stark an die Kriegsfahrzeuge an. Aus den Kriegserfahrungen hatten die Konstrukteure jedoch gelernt, daß eine Truppbesatzung an einer Einsatzstelle meist nicht ausreichte, da die Einsatzaufgaben eines Tanklöschfahrzeugs weiter gefaßt waren, als ursprünglich angenommen wurde. Folgerichtig wurden in der Nachkriegszeit vor allem TLF 15 mit einer Staffelbesatzung gebaut. Erst später kamen die TLF 15-T hinzu, die aufgrund der auf einen Trupp verringerten Besatzung mehr Löschwasser mitführen konnten. Offensichtlich bestand sowohl bei den Feuerwehren als auch bei der Industrie kein Bedarf an einem kleinen und dadurch besonders wendigen Tanklöschfahrzeug, das noch mit dem Pkw-Führerschein (Klasse 3) zu fahren sein sollte.

Das TLF 8 wird genormt

Erst im September 1955 wurde vom Deutschen Normenausschuß die DIN 14530 „Löschfahrzeuge, Allgemeine Richtlinien" herausgegeben. Sie galt als Vornorm und wurde von der Industrie und den Feuerwehren zunächst befristet auf zwei Jahre als verbindlich anerkannt. Zusätzlich gab der Fachnormenausschuß Feuerlöschwesen (FNFW) in Verbindung mit der Arbeitsgemeinschaft Feuerschutz und der Vereinigung zur Förderung des Deutschen Brandschutzes (vfdb) ergänzende sogenannte Bauricht-

Dieses TLF 8 wurde 1960 von Graaff auf einem Borgward B 522-A aufgebaut. Das Fahrzeug der FF Offensen verfügt über einen 1500 Liter fassenden Tank

Die FF Beringstedt setzt dieses 1982 gebaute TLF 8/18 ein. Der MB U 1300 L wurde von Ziegler gebaut und führt 1800 Liter Löschwasser mit

linien für die Löschfahrzeuge heraus, die Angaben über die Aufbaugestaltung und die Beladepläne machten. In Heft 6 der Baurichtlinien war erstmals ein TLF 8 vorgesehen. Hierbei handelte es sich um ein Tanklöschfahrzeug mit Truppbesatzung und einer fest eingebauten Feuerlöschkreiselpumpe FP 8/8. Der Löschwassertankinhalt sollte 1200 Liter betragen.

Diese Vornorm wurde im Oktober 1958 endgültig in die DIN 14530 überführt. Somit wurden die Baurichtlinien als verbindlich festgeschrieben. Das TLF 8 war – wie im übrigen alle anderen Tanklöschfahrzeuge auch – besonders geeignet zur Einleitung und Durchführung eines Schnellangriffs mit dem mitgeführten Löschwasservorrat, zur Förderung von Löschwasser an Einsatzstellen, zur Wasserförderung über lange Wegstrecken, wobei der Wassertank als Ausgleichsbehälter genutzt werden konnte, und zur Versorgung einer Brandstelle mit Löschwaser im Pendelverkehr mehrerer Tanklöschfahrzeuge. Mit einer Sonderausrüstung war die Bekämpfung von Flächenbränden vom Fahrzeug aus ebenfalls möglich. Das TLF 8 war daher auch von Anfang an mit einer Schnellangriffseinrichtung ausgestattet.

In dieser Zeit wurden die TLF 8 vor allem auf Allrad-Fahrgestellen von Borgward, vereinzelt auch auf Hanomag, aufgebaut. Die Borgward-Fahrzeuge waren insbesondere in Niedersachsen und Bayern zu finden. Oftmals war das TLF 8 das einzige wasserführende Einsatzfahrzeug der ländlich strukturierten freiwilligen Feuerwehr. Beispielsweise wurde 1973 das „TLF 8 T" (das „T" steht für Truppbesatzung) der FF Neuenkirchen (Kreis Soltau/Niedersachsen) von allen zehn Orten des damaligen Feuerwehr-Unterkreises finanziert. Zur Unfallhilfe wurde das Fahrzeug auch mit einer hydraulischen Rettungsschere ausgerüstet. Wie dieses Fahrzeug die Arbeit der Feuerwehrleute in der Lüneburger Heide, einer Region mit zahlreichen Wald- und Flächenbränden, erleichtert haben muß, ist heute kaum noch vorstellbar!

Im März 1970 wurde schließlich auch das TLF 8 in einer eigenständigen Norm, der DIN 14530, Blatt 18, festgeschrieben. Für das Fahrzeug war nach wie vor Straßen- als auch Allradantrieb zugelassen; allerdings durfte das zulässige Gesamtgewicht auch bei einem allradgetriebenen Fahrzeug 7500 kg nicht überschreiten. Vorgeschrieben wurde auch, daß die

Feuerlöschkreiselpumpe mit einer Leistung von 800 l/min im Heck des Fahrzeugs und innerhalb des Aufbaus eingebaut werden mußte. Der Löschwassertank mußte nun einen nutzbaren Inhalt von 1800 Litern haben. Bemerkenswert: In der feuerwehrtechnischen Grundbeladung waren drei B- und vier C-Druckschläuche sowie 60 Liter Schaummittel mit einem Zumischer Z 2 vorgesehen. Ferner war auch schon eine zweiteilige Steckleiter vorhanden. Für die Brandbekämpfung wichtige umluftunabhängige Atemschutzgeräte suchte der Feuerwehrmann jedoch vergebens.

Die Löschwassermenge wird Teil der Fahrzeugbezeichnung

Drei Preßluftatmer waren erst nach der Normänderung im Oktober 1976 vorgesehen. Hierbei war nicht nur die DIN-Bezeichnung in „DIN 14530, Teil 18" geändert worden, sondern auch die Fahrzeugbezeichnung an sich. In Anlehnung an die Bezeichnungsweise beim TLF 16/25, bei der sich erstmals die Pumpenleistung als auch der nutzbare Löschwasserinhalt ausdrückt, wurde nun der Begriff „TLF 8/18" festgelegt. In dieser Normausgabe wurden nach den DIN-Erläuterungen vor allem Fahrgestelle mit Straßenantrieb vorgesehen, die über einen 2100 l-Wassertank verfügen sollten. Grund waren die Aussagen der Industrie, wonach keine geeigneten Fahrgestelle mit Allradantrieb auf dem deutschen Markt geliefert werden konnten, die bei einem zulässigen Gesamtgewicht von 7500 kg die Anforderungen erfüllen konnten. Damit Tanklöschfahrzeuge mit Allradantrieb aber dennoch beschafft werden können, wurde in einer Fußnote der Norm die Reduzierung des Löschwasserbehälters auf die bisherigen 1800 Liter festgelegt. Einer weiteren Reduzierung des Wasservorrats konnte der Normenausschuß dann aber nicht zustimmen. Kurios in diesem Zusammenhang war vor allem, daß die Fahrzeuge auch dann noch als TLF 8/18 bezeichnet wurden (und werden), wenn sie 2100 Liter Wasser mitführen.

Beladungsmäßig änderte sich in der Folgenorm von 1976 – mit Ausnahme der Atemschutzgeräte – nur wenig. Lediglich die Schaumausrüstung wurde auf einen Zumischer Z 4 ausgelegt und die Anzahl der Druckschläuche wurde auf vier B- und sechs C-

Nur wenige TLF 8/18 baute die Rendsburger Firma Meisner. Dieser MAN 8.136 F wurde 1981 an die FF Breitenfelde ausgeliefert. Der Tank des Straßenfahrzeugs faßt 2100 Liter

Schläuche erhöht. Die Lagerung des formstabilen Schnellangriffsschlauchs wurde seit 1976 im Heckgeräteraum über die Pumpe gefordert. Bisher sah die Norm den Einbau an der rechten, hinteren Fahrzeugseite vor.

Um der Entwicklung der Fahrzeugindustrie mit immer größeren und schwereren Fahrzeugen Rechnung zu tragen, wurde die einschlägige DIN im August 1987 überarbeitet. Fortan mußte die nutzbare Löschwassermenge bei einem TLF 8/18 mit Straßenantrieb (zulässiges Gesamtgewicht 7500 kg) maximal 1800 Liter betragen. Bei Allradfahrzeugen hingegen wurde sowohl das Gesamtgewicht auf 9000 kg als auch die Löschwassermenge auf 2400 Liter angehoben. Eines der ersten Allrad-Fahrzeuge dieser Bauform erhielt im Sommer 1987 die Feuerwehr Lünen. Es handelte sich um einen MB Unimog 1300 L mit einem Aufbau der Firma Schlingmann. Bei diesen Fahrzeugen setzte sich die ungenormte Bezeichnung TLF 8/24 durch.

Nur fünf Monate später wurde die TLF 8/18-Norm erneut geändert – und diesmal zum letzten Mal. Die DIN wurde allerdings nur redaktionell überarbeitet. Inhaltliche Ergänzungen gab es nicht. Im Zuge der sogenannten Typenreduzierung wurde die DIN 14530-18 schließlich am 31. Dezember 1991 ersatzlos zurückgezogen. Dennoch werden auch heute noch vereinzelt TLF 8/18 von den Feuerwehren bestellt. Beispielsweise erhielt die FF Fockbek (Schleswig-Holstein) 1998 von Ziegler ein TLF 8/18 auf einem MB 814 F. Grund war die Möglichkeit mit dem Führerschein der Klasse 3 ein wendiges und schlagkräftiges Löschfahrzeug zum Einsatz bringen zu können. Im gleichen Jahr lieferte Schlingmann auch ein Fahrzeug auf einem MB Unimog 2450 L an die WF Rhein-Braun, Tagebau Hambach, aus. Das Fahrzeug verfügt außer dem 1800 l-Wassertank zusätzlich über einen 400 l-Schaummitteltank. Und schließlich baute Magirus Anfang 1999 ein TLF 8/18 mit einem 2500 l-Wassertank für die FF Brensbach-Nieder Kainsbach (Hessen). Als Fahrgestell verwendete die Weisweiler Firma ein MB 817 F.

Niedersachsens Sonderrolle

Eine besonders große Rolle spielte das TLF 8 immer bei den Feuerwehren in Niedersachsen. Auch die Weiterentwicklung der größeren Tanklöschfahrzeuge konnte die TLF 8-Beschaffungszahlen in Niedersachsen lange Zeit nicht nachhaltig beeinflussen. Ein Grund dafür war auch die konsequente Normung der TLF 8 für die niedersächsischen Wehren durch spe-

Dieses TLF 8/18 baute Schlingmann 1990 für die FF Seth. Der Tank faßt 1800 Liter Wasser

Dieses TLF 8 (L) baute Schlingmann 1970 für den Landkreis Oldenburg. Der MB LP 811 mit einem 2500 l-Wassertank war der Prototyp für die leichten „Niedersachsen-Tanker". Das Fahrzeug wurde 1999 ausgemustert

zielle Weisungen des Innenministers. Bereits im Januar 1970 wurde ein sogenanntes TLF 8 (L) durch die Technische Weisung Nr. 1 (später umbenannt in Nr. 1a) eingeführt. Grund für die Entwicklung war ein hoher Bedarf der Feuerwehren in dem Flächenstaat an einem leichten und preiswerten Tanklöschfahrzeug. Das TLF 8 (L) war auf einem serienmäßigen Straßenfahrgestell mit einem zulässigen Gesamtgewicht von etwa 6500 kg aufgebaut. Allradantrieb war auf Wunsch ebenfalls möglich. Es sollten mindestens 1600 Liter Wasser mitgeführt werden. Interessant ist, daß die Pumpe sowohl als Heck- als auch als Frontpumpe ausgeführt sein durfte. Auch die 30 Meter lange Schnellangriffseinrichtung konnte wahlweise im Heck oder im seitlichen hinteren Bereich des Fahrzeugs angeordnet sein. Die feuerwehrtechnische Beladung war der des DIN-TLF 8 angeglichen, allerdings wurden lediglich zwei B-Druckschläuche mitgeführt. Sollte jedoch noch Leerraum im Geräteraum vorhanden sein, durften Preßluftatmer zur Beladung gehören. Als Fahrgestell wurde von den Aufbauherstellern vor allem der MB LP 608 und MB LP 811 verwendet.

Die Technische Weisung 1a wurde jedoch schon im August 1973 durch die Technische Weisung Nr. 1b ersetzt. Die Typbezeichnung änderte sich in TLF 8 (S). Das „S" stand für Sonderausführung. Zwar war hiernach noch immer ein serienmäßiges Straßenfahrgestell mit einem zulässigen Gesamtgewicht von 7500 kg zu verwenden, doch konnte „in Ausnahmefällen auf Antrag ein allradgetriebenes Fahrgestell zugelassen werden, wenn die Notwendigkeit des Allradantriebs eingehend schriftlich begründet wird, und wenn dazu noch nachgewiesen wird, daß Fahrer mit einer Fahrerlaubnis der Klasse 2 stets zur Verfügung stehen". Das Allrad-Fahrzeug hatte ein zulässiges Gesamtgewicht von 9000 kg. Die Feuerlöschkreiselpumpe war weiterhin sowohl als Front- als auch als Heckeinbaupumpe zugelassen. Eine Schaltung des Pumpenantriebs am Pumpenbedienstand einer Heckpumpe wurde nicht für erforderlich gehalten. Hier genügte der Schalter im Fahrerhaus. Es sollten bei Allradantrieb mindestens 2400 Liter Wasser und bei Straßenantrieb mindestens 2200 Liter Wasser mitgeführt werden. Die Beladung entsprach weitgehend der einschlägigen DIN. Die TLF 8 (S) waren in

Alle zehn Orte des Unterkreises kauften 1973 dieses TLF 8 T der FF Neuenkirchen. Der MB LAF 911 B wurde von Metz aufgebaut und verfügt über einen 2400 l-Tank. Später wurden diese Fahrzeuge in Niedersachsen als TLF 8 (S) bezeichnet

Niedersachsen weit verbreitet. Als Fahrgestelle wurden vor allem die Typen MB LP 811/813 sowie MB LAF 911 B verwendet. Die Technische Weisung Nr. 1b wurde im September 1977 zurückgezogen, da die „Niedersachsen-Tanker" nun weitgehend der bundesweit gültigen Norm entsprachen.

Noch eine Eigenart: Das TLF 8 (W)

Die Waldbrandkatastrophe im August 1975 in den niedersächsischen Landkreisen Celle, Gifhorn und Lüchow-Dannenberg war der Auslöser für die Entwicklung eines nach wie vor genormten Sondertanklöschfahrzeugs in Niedersachsen, des TLF 8 (W). Dieses speziell für die Waldbrandbekämpfung ausgelegte TLF 8/18 wird in den Technischen Weisungen Nr. 3 und 3/1 beschrieben. Die Weisung wurde im Dezember 1976 gültig. Der damalige Leiter der Landesfeuerwehrschule Celle, Branddirektor Heinz Bartels, stellte in einer Nachbetrachtung des Waldbrandeinsatzes fest, daß sich die leichten, allradgetriebenen Unimog-TLF 8 des Katastrophenschutzes besonders gut bewährt hätten. Lediglich die Löschwassermenge sei mit 800 Litern zu gering gewesen. Das war der Start-chuß zur Entwicklung des TLF 8 (W). Doch als Sofortmaßnahme wurde die Bezuschussung der allradgetriebenen TLF 8 (S) verbessert.

Das TLF 8 (W) ist vor allem für die schnelle Bekämpfung von Entstehungsbränden in schwer zugänglichen Wald-, Moor- und Heidegebieten mit ungenügender Löschwasserversorgung konzipiert. Außer der speziellen Ausrüstung für die Waldbrandbekämpfung spielen vor allem die Gelände-Fahreigenschaften eine wichtige Rolle. Das TLF 8 (W), zu dessen Bau aufgrund der Anforderungen bisher nur Unimog-Fahrgestelle der Typen U 1300 L und 1500 L verwendet worden sind, darf ein maximales Gesamtgewicht von 7490 kg haben. Das Fahrgestell wurde von Mercedes-Benz erstmals auf der IAA 1977 in Frankfurt/Main als TLF 8/18 gezeigt. Als Besatzung ist ein Trupp 1/2 vorgesehen. Der Löschwassertank hat einen Inhalt von mindestens 1800 Litern. Fast alle Fahrzeuge verfügen auch über eine Dachluke im Fahrerhaus, durch die mittels eines auf dem Aufbau-

Im Jahr 1993 erhielt die FF Fintel dieses TLF 8 (W) auf einem MB U 1350 L mit einem 1800 l-Tank. Der Aufbau stammt von Schlingmann

dach installierten Schnellangriffschlauchs Flächenbrände schnell abgelöscht werden können. In der Technischen Weisung ist die Dachluke indes nicht festgeschrieben. Die Beladung orientiert sich an der DIN-Beladung für TLF 8. Zusätzlich werden jedoch eine Motorsäge und Feuerpatschen mitgeführt. Atemschutzgeräte sind erst seit Mai 1977 zulässig. Der Kauf eines TLF 8 (W) wurde sowohl mit Mitteln der Feuerschutzsteuer als auch mit Geld der Forstverwaltung bezuschußt. So konnte manche Gemeinde in Niedersachsen günstig ein modernes Tanklöschfahrzeug erwerben.

In Niedersachsen wurde im Dezember 1991 noch ein viertes TLF 8 durch die Technische Weisung Nr. 15 genormt. Es handelt sich um ein, der ehemaligen DIN 14530-18 entsprechendes, TLF 8/18. Hintergrund der Weisung ist die Zurückziehung der DIN, womit das TLF 8/18 faktisch nicht beschafft werden konnte. Nun gehören diese Fahrzeuge in Niedersachsen nach der sogenannten Mindeststärkeverordnung jedoch zur Ausstattung der Stützpunktfeuerwehren. Das TLF 8/18 nach Ausführung Niedersachsen ist auf einem maximal 7500 kg schweren Straßen- und Allradfahrgestell aufgebaut und führt mindestens 1600 Liter Wasser bei Allrad- oder 1800 Liter Wasser bei Straßenantrieb mit. Diese Fahrzeuge werden durchaus in Niedersachsen gekauft. Beispiele sind die FF Leeseringen (Iveco/Magirus), FF Ingeln-Oessede (MB 814 F/Ziegler) oder die Samtgemeinde Bad Eilsen (MB 814 F/Schlingmann).

Das TLF 8 im Katastrophenschutz

Für die Feuerwehrbereitschaften im Katastrophenschutz wurden von 1957 bis 1967 mehr als 1700 TLF 8 beschafft. Die Mehrzahl davon (1688 Stück) wurden von den Firmen Voll und Magirus auf dem MB Unimog 404 S aufgebaut. Die Pumpen der 5000 kg schweren Fahrzeuge stammten von Metz und Ziegler. Vielen Feuerwehren war jedoch der Löschwassertank mit nur 800 Litern Inhalt zu klein. Die Fahrzeuge dienen nach der Ausmusterung im Katastrophenschutz jedoch auch heute noch vielen Ortsfeuerwehren als willkommene Unterstützung. Im

Schlingmann baute 1999 dieses TLF 8/18 nach der Technischen Weisung Nr. 15 des Landes Niedersachsen als Vorführfahrzeug. Als Fahrgestell dient ein MB 815 F „Atego". Wassertank: 1800 Liter

Jahr 1959 wurde zusätzlich eine Serie TLF 8 von der Firma Voll (Würzburg) auf dem Borgward B 2000 A aufgebaut, die sämtlich in Nordrhein-Westfalen zum Einsatz kamen.

Ab Anfang der sechziger Jahre wurden außer dem Unimog 404 S auch noch Fahrgestelle der Typen MB U 416, MB LAF 710, Henschel HR 50, Kramer, Büssing, Burglöwe Universal und Magirus-Deutz 150 D 8 FA als Alternative getestet. Zu einer Beschaffung kam es jedoch nicht mehr, obwohl das Henschel-Modell gegenüber dem Unimog 404 S „erheblich überlegen" gewesen sein sollte.

Sonderfälle

Gerade das TLF 8 bot vielen Feuerwehren immer wieder Gelegenheit zum Um- und Eigenbau. Denn durch die vorgegebene Leistung der Pumpe werden auch heute noch viele Fahrzeuge als TLF 8 bezeichnet, die den Anforderungen der Norm nicht oder nur sehr begrenzt entsprechen. Als Beispiel sei hier das TLF 8 der FF Bahlingen (Baden-Württemberg) genannt. Die Wehr baute sich 1983/84 mit Unterstützung der Firma Zikun (Riegel) das Fahrzeug auf einem acht Jahre alten MB LP 813 selbst. Doch es gibt auch Sonderausführungen des TLF 8, die von der Industrie angefertigt wurden. So baute Arve (Springe) schon 1965 als erste deutsche Firma ein TLF 8 mit einem hydrostatischen Pumpenantrieb. Und die Feuerwehr Lübeck beschaffte für die freiwilligen Feuerwehren der Stadt zahlreiche TLF 8/18 mit Staffelkabine auf dem MB U 1300 L-Fahrgestell. In der ehemaligen DDR waren TLF 8 vor der Wende nicht genormt. Es gab nur sehr vereinzelt derartige Fahrzeuge, die meist aus anderen Fahrzeugen umgebaut wurden. Die Betriebsfeuerwehr des Gummiwerks Ortraud erhielt beispielsweise 1955 ein TLF 8 auf einem Phänomen Granit 30 K. Den Aufbau fertigte das Feuerlöschgerätewerk Luckenwalde.

Serienaufbauten für TLF 8 fertigten die Firmen Arve (Springe), Bachert (Bad Friedrichshall), Buschmann (Hoya), Graaff (Elze), Magirus (Ulm), Meisner (Rendsburg), Metz (Karlsruhe), Schlingmann (Dissen), Voll (Würzburg) und Ziegler (Giengen).

Ungewöhnlich und einzigartig

Die selbstgebauten FLF des Bremer Flughafens

von Dieter Hasemann

Vieles, was früher ganz selbstverständlich getan wurde, tut man heute nicht mehr. Wer ist schon in der Lage, die Dinge, die er für das tägliche Leben braucht, selbst herzustellen. Viel einfacher ist es doch, fertige Produkte einzukaufen. So geht es auch den Feuerwehren. Noch bis in die 70er Jahre gab es Berufsfeuerwehren, die die Aufbauten für ihre Fahrzeuge in der feuerwehreigenen Werkstatt mit eigenem Personal und nach selbstentworfenen Plänen bauten. Heutzutage werden die Fahrzeuge komplett bei den einschlägigen Fachfirmen gekauft und allenfalls noch kleinere Reparaturen selbst durchgeführt. Neben der dänischen Rettungs- und Feuerwehrorganisation Falck, die einen großen Teil des Fahrzeugparks auch heute noch in eigenen Werkstätten fertigt, gibt es in Europa vermutlich nur noch eine einzige Feuerwehr, die ihre Fahrzeuge selbstentwikkelt und baut: die Feuerwehr des Flughafens Bremen. Um die Entwicklungsgeschichte dieser hochinteressanten und ungewöhnlichen Bremer Eigenbauten soll es in diesem Beitrag gehen.

Es begann bei den Bremern Anfang der 80er Jahre, als einige ältere Löschfahrzeuge kurz vor ihrer Ausmusterung standen, und durch Neuanschaffungen ersetzt werden sollten. Feuerwehrführung und Betriebsleitung ließen sich von verschiedenen Herstellern moderne Flughafenlöschfahrzeuge (FLF) vorführen, konnten sich aber zu keiner Auftragsvergabe entschließen. Entweder waren die Fahrzeuge zu teuer

Auf der Basis eines dreiachsigen MAN 7 tgl (6x6) entstand 1983/84 das FLF 60/60. Dieses Fahrzeug war das erste von bislang sieben selbstgebauten Flughafenlöschfahrzeugen der Bremer Flughafenfeuerwehr

für das schmale Budget des Flughafens, oder die Fahrzeuge entsprachen nicht ganz den Anforderungen, die an sie gestellt wurden. In dieser Situation schlug der für die Technik und den Flughafenfuhrpark zuständige Betriebsleiter Peter Goll vor, die benötigten FLF selbst zu konstruieren und zu bauen. Die Voraussetzungen dafür waren günstig. Goll, gelernter Ingenieur und Konstrukteur von Flugzeugbetankungsfahrzeugen, konnte auf eine KFZ-Werkstatt mit professionellen Mechanikern zurückgreifen, und er fand Unterstützung beim Leiter der Flughafenfeuerwehr. Schnell waren auch die ersten beiden Chassis gefunden, die man als ideal für die eigenen Bedürfnisse erachtete. Bei einem Gebrauchtwagenhändler in Nienburg wurden zwei hochgeländegängige MAN-Prototypen, die als Testfahrzeuge für die Bundeswehrgeneration der Kat.I-Fahrzeuge gedient hatten, erworben. Das zweiachsige Fahrgestell des Typs 4 tgl (4x4) stammte von 1972, der Dreiachser 7 tgl (6x6) war 1974 gebaut worden. Beide Chassis waren mit KHD-Motoren des Typs BF 8L 413F bestückt, die auch bei den späteren Serienfahrzeugen für die Bundeswehr (ab 1976) Verwendung fanden.

1982 begannen am Flughafen Bremen zunächst die Entwicklungs- und Konstruktionsarbeiten für das dreiachsige FLF. Mit Hilfe der Bremer MAN-Niederlassung wurden Fahrgestell und Fahrmotor überholt; ein zusätzlicher KHD-Motor für den Pumpenantrieb (200 PS/147 kW) war noch vorhanden; ein Edelstahltank mit integriertem Schaummitteltank wurde beim Bremer Aufbauhersteller Bunge bestellt und die Löschtechnik (Feuerlöschpumpe, Monitore, Schaumzumischsystem) beschaffte man von der österreichischen Firma Rosenbauer. Schließlich wurden alle Teile zusammengefügt, eingebaut, abgestimmt und getestet, und im Herbst 1984 wurde das erste selbstkonzipierte und gebaute FLF 60/60 auf dem Flughafen Bremen in Dienst gestellt.

Das knapp 20 t schwere und 320 PS (235 kW) starke FLF erreicht eine Höchstgeschwindigkeit von fast 100 km/h und einen Beschleunigungswert von ca. 45 Sekunden von 0 auf 80 km/h. Das Leistungsgewicht beträgt 16 PS/t. An Löschmitteln werden 6500 l Wasser und 650 l Schaummittel mitgeführt, die über Dachmonitor (3100 l/min) und Frontmonitor (1500 l/min) abgegeben werden können. Die separat angetriebene Rosenbauer-Pumpe R 600 leistet 6000 l/min bei 10 bar, eine Selbstschutzanlage mit sechs Düsen zwischen den Achsen und am Heck sprüht bis zu 360 l/min.

Bereits im gleichen Jahr begannen auch die Arbeiten an dem zweiachsigen MAN-Allradfahrgestell, woraus ein schnelles Pulverlöschfahrzeug entstehen sollte. Der Flughafen verfügte über einen alten Magirus-Deutz mit einer Total-Pulverlöschanlage (2000 kg Löschpulver). Dieses Fahrzeug wurde zerlegt, und die noch gut erhaltene Total-PLA 2000 setzte man auf das MAN-Chassis. Zusätzlich erhielt das neue Fahrzeug eine Halon-Löschanlage mit 700 kg Fassungsvermögen. Die Löschtechnik verkleidete man durch einen Aufbau mit Jalousien. Auf das Dach wurde ein Monitor mit einem Ausstoß von 20 kg Löschpulver pro Sekunde gesetzt, und 1985 war auch das selbstgebaute TroLF 2000 einsatzbereit.

Bereits zehn Jahre später wurde das TroLF ausgemustert und die alte Pulverlöschanlage ausgebaut. Sie fand weiterhin Verwendung in einem neuen Fahrzeugeigenbau. Das Fahrgestell wurde an einen Privatmann verkauft, der dem MAN-Prototyp ein „drittes Leben" ermöglichte. Heute kann man den wendigen Geländelaster als rasantes Rallyefahrzeug bewundern. Das dreiachsige FLF 60/60 befindet sich weiterhin auf dem Bremer Flughafen als Reservefahrzeug.

Nach den guten Erfahrungen, die Betriebsleiter Goll und Feuerwehrchef Wagner mit den ersten beiden selbstgebauten Löschfahrzeugen gemacht hatten, wollte man auch künftig diesen Weg beschreiten und hochgeländegängige MAN-Fahrgestelle mit eigenen Aufbauten versehen. Nun aber entschloß man sich zu einem gewagten und mutigen Schritt, indem man gewissermaßen in die „Königsklasse" der schweren 8x8-Chassis einstieg. Damit betrat man Neuland, denn bis dahin gab es auch von den großen Herstellern von FLF, wie Rosenbauer, Kronenburg oder Ziegler, noch keine Fahrzeuge auf der Basis der MAN-Geländevierachser. In Europa boten Mitte der 80er Jahre lediglich Timoney (Irland), Titan und die fränkische Firma Faun, die allerdings Ende der 80er Jahre ihre Fahrzeugproduktion einstellte (s. Jahrbuch Feuerwehrfahrzeuge 1999), schwere allradgetriebene Vierachsfahrgestelle mit leistungsstarken Motoren für Flughafenfeuerwehren an.

Die MAN wollte ihre Erfahrungen aus dem mittlerweile nachlassenden Militärlastwagengeschäft auch für den Zivilbereich nutzen. So wurden die ersten, aus der Bundeswehr-Kat-Serie abgeleiteten MAN-Vierachser bereits 1984/85 bei der BF Duisburg als Wechsellader in Dienst gestellt. Hierbei handelte es sich um die Typen MAN 27.365 VFAEG (8x8) in der

Aus dem Bundeswehr-Testfahrgestell MAN 4 tgl (4x4) von 1972 entstand das selbstkonzipierte TroLF 2000 mit einer Total-Pulverlöschanlage und einer Halonlöschanlage. Das Chassis wurde 1995 ausgemustert und verkauft, heute wird es als Rallyefahrzeug verwendet

Der erste in Bremen gebaute Vierachser, ein MAN 27.365 VFAEG (8x8) mit 2900 mm Überbreite, wurde 1988 als FLF 60/90 in Dienst gestellt, nachdem MAN das Fahrzeug auf seinem Messestand (Foto oben) auf der „Interschutz" 1988 in Hannover präsentiert hatte

Foto (unten): Peter Goll

Normalversion mit der zulässigen Breite von 2500 mm. Ein Fahrgestell dieses Typs kaufte 1986 auch die Bremer Flughafenfeuerwehr, allerdings in der überbreiten Sonderausführung von 2900 mm. Es war das erste Chassis dieser Art, das MAN gebaut hatte, und es diente zuvor einige Monate werksinternen Versuchszwecken.

Peter Goll und seine Werkstattmannschaft wollten aus diesem Fahrgestell ein großes FLF machen. Wiederum ließ man bei Bunge die Tanks anfertigen, kaufte für den Pumpenantrieb einen zusätzlichen Busmotor des Typs MAN D 2566 MUH (240 PS/ 177 kW) und besorgte sich von Rosenbauer die bewährte Löschtechnik. Anfang 1988 war das erste vierachsige FLF auf MAN-Fahrgestell fertig. Die MAN unterzog das Fahrzeug in München ausgiebigen fahrdynamischen Tests und stellte es dann, auf der Fachmesse „Interschutz" im Juni 1988, auf ihrem eigenen Messestand der Öffentlichkeit vor.

Das erste Bremer FLF 60/90 basiert auf dem MAN 27.365 VFAEG (8x8), was besagt, daß es sich um ein Chassis der 27-t-Klasse handelt mit einem 365 PS/268 kW starken Motor. Bedingt durch die Überbreite liegt das technisch zulässige Gesamtgewicht bei 30 t, das tatsächliche Einsatzgewicht jedoch bei rund 28 t, woraus sich ein Leistungsgewicht von nur 13 PS/t ergibt. Auch das Beschleunigungsvermögen ist mit 60 Sekunden von 0 auf 80 km/h alles andere als üppig. Dennoch erfüllt das Fahrzeug die Vorgabe, jeden Punkt des Bremer Flughafens in drei Minuten zu erreichen. Auf anderen Flughäfen und unter anderen Bedingungen wären solche Leistungsdaten für ein modernes FLF kaum ausreichend.

Die auf dem FLF mitgeführten Löschmittelvorräte von 9300 l Wasser und 950 l Schaumkonzentrat können über den Rosenbauer-Dachmonitor RM 60 E (4000 l/min bei 12 bar), den Frontmonitor RM 8 E (820 l/min bei 10 bar) oder die Schnellangriffshaspel (360 l/min bei 15 bar) ausgeworfen werden. Die Rosenbauer-Pumpe R 600 erlaubt eine Förderleistung von annähernd 6000 l/min bei 12 bar. Auch dieses Fahrzeug verfügt natürlich über eine Selbstschutzanlage mit neun Sprühdüsen, die 9 x 100 l/min leistet. Dank des kurzen Radstands zwischen der zweiten und dritten Achse von 2770 mm, der Bodenfreiheit von 420 mm und der Böschungswinkel von 40° (vorn) und 45° (hinten) sowie einer Wattiefe von 1500 mm ist das FLF ideal für den Einsatz in schwerem Gelände geeignet. Auf dem Bremer Flughafen hat es sich jedenfalls hervorragend bewährt.

Noch während sich das FLF 60/90 in der Enderprobung befand, arbeiteten die Bremer Mechaniker bereits am nächsten Fahrzeug. Wieder sollte es ein großes vierachsiges FLF 60/90 mit ganz ähnlichen Leistungsmerkmalen wie beim Vorgänger werden. Dennoch ist kein baugleiches Fahrzeug entstanden, denn es gibt markante Unterschiede bei Fahrgestell und Antriebsmotor. Das aus dem Erprobungsträgerbestand der MAN stammende Chassis des Typs MAN 30.360 VFAEG (8x8) hat ebenfalls die Überbreite von 2900 mm, ist jedoch aufgrund eines größeren Radstands von 3570 mm zwischen der zweiten und dritten Achse deutlich länger als das Vorgängerfahrgestell. Unterschiedlich ist auch der Fahrmotor des Typs MAN D 2866 KF, ein Sechszylindermotor mit 11.967 ccm Hubraum, der eine Leistung von 360 PS/265 kW bei 2200/min erbringt, und damit nur 5 PS weniger als das Aggregat des ersten Vierachsers. Mit seinem zulässigen Gesamtgewicht von 30 t erreicht das FLF eine Höchstgeschwindigkeit von 96 km/h und eine Beschleunigung von ca. 60 Sekunden (von 0 auf 80 km/h).

Die Löschtechnik entspricht weitgehend dem ersten FLF, d.h. es wurden wiederum Rosenbauer-Komponenten, wie die mittels MAN-Motor (240 PS/ 177 kW) angetriebene Pumpe R 600, der Dachmonitor RM 60 E und der Frontmonitor RM 8 E, verwendet. Auch die Löschmittelmengen (9300 l Wasser + 950 l Schaummittel) sind mit dem ersten FLF identisch. Durch den deutlich längeren Radstand und damit einer größeren Gesamtlänge des Fahrzeugs von 10.550 mm wirkt das FLF nicht so kompakt und wohlproportioniert wie der erste Vierachser. Von ihrem Leistungsvermögen her unterscheiden sich die beiden Boliden jedoch kaum. Nachdem das FLF 60/90 (II) im Sommer 1989 auf dem Flughafen Bremen in Dienst gestellt worden war, begannen bereits die Überlegungen für einen weiteren Eigenbau. Diesmal sollte etwas ganz Besonderes und Einmaliges geschaffen werden.

Aufgrund von Analysen und Untersuchungen verschiedener Flugunfälle, bei denen Passagiere verbrannt oder erstickt waren, da die Außentüren der Flugzeuge sich nicht rechtzeitig öffnen ließen, kam man bei der Bremer Flughafenfeuerwehr zu der Überzeugung, daß es notwendig sei, ein Fahrzeug vorzuhalten, mit dem man von außen leicht und schnell an die Türen gelangen und Passagiere evakuieren könne. So entstand in den Jahren 1992/93 auf dem Flughafen, in Kooperation mit der MAN-Nieder-

Beträchtliche Abmessungen hat das zweite in Bremen gebaute FLF 60/90, obgleich es die gleichen Löschmittelmengen wie sein Vorgänger transportiert (9300 l Wasser + 950 l Schaumkonzentrat). Als Fahrgestell wurde ein nur 360 PS starker MAN 30.360 VFAEG (8x8) verwendet

lassung Bremen und der Firma Atlas, ein bis dahin in Deutschland einmaliges Fahrzeug: ein sogenanntes Hubrettungs-Trockenlöschfahrzeug.

Atlas, Hersteller von Ladekranen und Wechselaufbausystemen, übernahm die Konstruktion der Rettungsbühne. Es wurde ein teleskopierbarer Ladekran des Typs 6500 TA 27 verwendet, der normalerweise für eine Höchstlast von 10.000 kg bei 2 m oder 2000 kg bei 14 m Ausladung ausgelegt ist. An dessen Mastspitze montierte man eine große Rettungsbühne, die mit Steuereinheit, Strahlrohr und Flutlichtscheinwerfern ausgestattet ist. Bei maximaler Ausladung kann die Bühne mit bis zu 500 kg belastet werden, dazu muß das Fahrzeug jedoch mit der hydraulischen Vierfachabstützung abgestützt werden. Bis zu einer gewissen Höhe kann die Rettungsbühne sogar bei langsamer Fahrt unabgestützt angehoben und ausgeschoben werden, so daß bereits während der Anfahrt an ein havariertes Flugzeug die Bühne auf die Rettungshöhe der Tür in Stellung gebracht wird. Natürlich kann man die Teleskopbühne auch wie einen gewöhnlichen Kran verwenden, um beispielsweise verunglückte kleine Sportmaschinen anzuheben. Die zweite Funktion des Hubrettungs-TroLF ist die eines Pulverlöschfahrzeugs. Dazu wurde im hinteren Teil des Aufbaues eine vom Hamburger Flughafen gebraucht erworbene Total PLA 2000 eingebaut. Die in dem Kessel enthaltenen 2000 kg Löschpulver können mittels zweier Schnellangriffseinrichtungen (je 30 m) im Fahrzeugheck, oder mittels der beiden an der Fahrzeugfront befindlichen Rosenbauer-Monitore RM 8 EP (2 x 20 kg/s) ausgeworfen werden.

Als Basisfahrgestell fand wiederum ein hochgeländegängiger MAN des Typs 27.365 VFAEG (8x8) Verwendung, doch diesmal mit einer normalen Fahrzeugbreite von 2600 mm und einem Einsatzgewicht von rund 31 t. Zwar wird auch dieses Fahrzeug von dem 365 PS/268 kW starken MAN-Dieselmotor D 2840 MFG angetrieben, doch tatsächlich soll die Leistung laut Auskunft von Peter Goll bei rund 400 PS liegen, weshalb sich das Fahrzeug recht spritzig und flott fährt. Der Grund dafür ist ein besonders gut eingefahrenes und leicht frisiertes Aggregat, das zuvor schon einiges durchgemacht und erlebt hatte. Der MAN-Vierachser, der bereits 1986 entstanden war, diente vor seinem Verkauf an den Flughafen Bremen als Rallye-Fahrzeug. 1987 nahm er an der berühmten und für Mensch und Maschine äußerst strapaziösen Rallye „Paris-Dakar" teil, die bekanntlich die kom-

Die Frontalansicht des Hubrettungs-TroLF macht die Größe des Rettungskorbes sichtbar, verdeutlicht aber auch die stark eingeschränkte Geländetauglichkeit (Bodenfreiheit und vorderer Böschungswinkel) des Fahrzeugs, durch die tiefliegenden Scheinwerfer und die fast auf den Boden reichende Aufstiegsleiter

Das 1992/93 gebaute Hubrettungs-TroLF auf dem MAN 27.365 VFAEG (8x8) war das erste Fahrzeug dieser Art in Deutschland. Der 2000 kg fassende Pulverkessel ragt über die seitlichen Geräteräume hinaus, Bedienstand und Schnellangriffshaspeln (2 x 30 m) befinden sich im Gerätekasten am Heck

Wiederum diente ein MAN 27.365 VFAEG (8x8) als Basis für das neue TroLF 2000. Das Fahrzeug erhielt die alte Total PLA 2000 von 1970, die bereits in zwei Vorgängerfahrzeugen eingebaut war. Das TroLF verfügt über keinen Dachmonitor, sondern zwecks besserem Sichtfeld für die Bedienungsmannschaft über einen Rosenbauer-Frontmonitor mit einer Auswurfleistung von 40 kg/s

Blick in die Geräteräume des TroLF 2000. Zwischen den Achspaaren befindet sich eine Schnellangriffshaspel, darüber der 25-kVA-Generator und der ausfahrbare Lichtmast mit sechs Strahlern (6 x 1000 Watt). Über den Hinterachsen erkennt man die Bedientafel für die Pulverlöschanlage und einen weiteren formfesten Schlauch

plette Sahara durchquert. Im Frühjahr 1994 wurde das Hubrettungs-TroLF in Bremen in Dienst gestellt. Bisher hat es auf dem Flughafen noch kein Schadensereignis gegeben, bei dem das Fahrzeug sein Können hätte unter Beweis stellen müssen. Deshalb bleibt die Antwort auf die Frage, ob das Konzept der Rettungsbühne richtig ist und im Notfall auch funktioniert, noch offen.

Ein Jahr nachdem das Hubrettungs-TroLF seinen Dienst auf dem Flughafen aufgenommen hatte, begannen in Bremen die Arbeiten für einen weiteren Eigenbau, ein TroLF 2000. Als Fahrgestell wurde erneut ein MAN 27.365 VFAEG (8x8) aus der gleichen Bauserie von 1986 wie das Hubrettungs-TroLF, in Normalbreite und mit kurzem Radstand, erworben. Auch der 365 PS/268 kW starke MAN-Antriebsmotor war baugleich mit dem Aggregat des Vorgängerfahrzeugs. Auf dieses Chassis setzte man nun die alte Total-Pulverlöschanlage (2000 kg) aus dem zweiachsigen MAN 4 tgl, der damit ausgemustert und verkauft wurde. Der große Pulverkessel sitzt über den beiden Hinterachsen, davor liegen die Treibgasflaschen. Die Schnellangriffshaspeln befinden sich in Geräteräumen zwischen den Achspaaren, weitere Schlauchfächer liegen links und rechts neben dem Pulverkessel und im Heck des Fahrzeugs. Über einen Dachmonitor verfügt das TroLF 2000 nicht, dafür über einen für das Fahrersichtfeld beim Löschangriff besser positionierten Rosenbauer-Frontmonitor des Typs RM 25 EP mit einer Auswurfleistung von 40 kg/s. Als Ergänzung zum Pulver verfügt das Löschfahrzeug über eine CO_2-Löschanlage (90 kg), um beispielsweise Kabelbrände in Flugzeugen wirksam bekämpfen zu können. Das TroLF 2000 hat im Heckbereich eine eher untypische Schlaucheinheit integriert, so daß im Bedarfsfall innerhalb von Minuten eine Wegstrecke von etwa 800 m B-Schläuche für die Löschwasserversorgung verlegt werden können. Als Zusatzausrüstung führt das Fahrzeug einen 25-kVA-Generator, der einen wuchtigen, bis zu 12 m ausfahrbaren Lichtmast mit sechs Strahlern zu je 1000 Watt speist. Allein dadurch erreicht der Vierachser ein Leergewicht von immerhin 21.380 kg. Da das TroLF lediglich die vergleichsweise geringe Menge von 2000 kg Löschmitteln transportiert, schleppt das schwere Fahrzeug allerhand Eigengewicht mit sich herum und erreicht nicht annähernd das technisch zulässige Gesamtgewicht von 28.000 kg. Dies wurde bewußt so konzipiert, um das Fahrzeug im Gelände schneller und beweglicher zu machen.

Als bislang letzter Eigenbau der Bremer Flughafenfeuerwehr entstand in den Jahren 1997/98 ein weiteres FLF 60/90. Dabei orientierte man sich konstruktionsmäßig weitgehend an dem 1989 in Dienst gestellten FLF 60/90 (II). Ausgehend von einem überbreiten (2900 mm) MAN-Testfahrgestell der Kat.1A1-Serie mit dem langen Radstand von 3570 mm zwischen der zweiten und dritten Achse, entstand ein optisch dem 89er Fahrzeug zum Verwechseln ähnliches FLF, das gleichfalls über einen Wasservorrat von 9300 l und einen Schaummitteltank mit 950 l Inhalt verfügt. Auch bei der Löschtechnik von Rosenbauer ähneln sich beide Fahrzeuge, verfügen sie doch über die gleichen Löschpumpen, Pumpenmotoren, Schaumzumischanlagen und Monitore. Der wesentliche Unterschied zwischen dem FLF 60/90 (II) und dem FLF 60/90 (III) liegt im Antriebsmotor. Als einziger der fünf Bremer MAN-Vierachser verfügt das neueste Fahrzeug über keinen MAN-Fahrmotor, sondern über ein Fabrikat von KHD. Verwendung fand der V8-Motor BF 8L 513C, ein in bewährter Deutz-Bauart luftgekühlter Turbolader mit 12,7 l Hubraum und einer normalen Leistung von 360 PS/265 kW bei 2300/min. Durch „Manipulation" an Düsen und Regler konnte die Leistung jedoch auf 400 bis 420 PS gesteigert werden. Damit bewegt sich der jüngste Vierachser etwas temperamentvoller als die beiden behäbigeren FLF 60/90 (I) und (II).

Alle verwendeten MAN-Fahrgestelle haben torsionsarme Rahmen und an Längslenkern und Dreieck-Reaktionslenkern geführte Achsen mit langhubigen Schraubenfedern, weshalb mit den Fahrzeugen hervorragende Fahreigenschaften im Gelände erzielt werden. Unterstützt wird dies ferner durch eine fast ausgeglichene Achslastbilanz, d.h. beide Achspaare nehmen etwa die gleichen Lasten auf, was sich u.a. bei schneller Kurvenfahrt günstig auswirkt.

Mit diesen fünf MAN-Vierachsern und dem MAN-Dreiachser als Reservefahrzeug ist die Bremer Flughafenfeuerwehr für alle anfallenden Unfälle im Flugbetrieb gerüstet. Auch wenn die Fahrzeugeigenbauten aufgrund ihrer technischen Leistungsfähigkeit und ihrer Löschmittelkapazitäten nicht mit den mächtigen FLF der einschlägigen europäischen Fachfirmen, die Motorleistungen von 1000 PS vorweisen und bis zu 15.000 l Löschmittel transportieren, konkurrieren können, so erfüllen sie doch die speziellen Anforderungen des Bremer Flughafens und sind eine interessante und zudem kostengünstige Alternative zu den sehr teuren Spezialfahrzeugen der Industrie.

Der neueste Eigenbau des Bremer Flughafens ist das 1997/98 entstandene FLF 60/90 (III). Rein äußerlich und von den Leistungsmerkmalen her ist das Fahrzeug fast identisch mit dem FLF 60/90 (II). Der wesentliche Unterschied liegt im Verborgenen, bzw. unter dem „Blechkleid". Als einziger der fünf Bremer MAN-Vierachser hat das FLF einen KHD-Dieselmotor, der auf eine Leistung von 400 bis 420 PS getrimmt worden ist

Das 1997/98 entstandene FLF 60/90 (III) des Bremer Flughafens

Technische Daten der Bremer MAN-Vierachser					
	FLF 60/90 (I)	**FLF 60/90 (II)**	**Hub-TroLF**	**TroLF 2000**	**FLF 60/90 (III)**
Flughafen-Nr. Kennzeichen	Flug 5 HB-KD 815	Flug 6 HB-MV 386	Flug 3 HB-BJ 883	Flug 2 HB-MV 122	Flug 7 HB-PG 707
Fahrgestell Typ Nummer Baujahr Antriebsart Radstand (mm) Bodenfreiheit	 27. 365 VFAEG 4388221 1985 Allrad (8x8) 1930+2770+1500 420 mm	 30.360 VFAEG 102011-850 1986 Allrad (8x8) 1930+3570+1500 420 mm	 27. 365 VFAEG 438817 1986 Allrad (8x8) 1930+2770+1500 420 mm (eingeschränkt)	 27.365 VFAEG 438816 1986 Allrad (8x8) 1930+2770+1500 420 mm	 Kat. 1A1 15tgl 102011-816 1986 Allrad (8x8) 1930+3570+1500 420 mm
Antriebsmotor Typ Bauform/Zylinder Hubraum Leistung Drehmoment	 MAN D 2840 MFG V-10 Zylinder 18.300 ccm 268 kW/365 PS 1285 Nm	 MAN D 2866 KF Reihen-6-Zylinder 11.967 ccm 265 kW/360 PS 1500 Nm	 MAN D 2840 MFG V-10-Zylinder 18.300 ccm 268 kW/365 PS 1285 Nm	 MAN D 2840 MFG V-10-Zylinder 18.300 ccm 268 kW/365 PS 1285 Nm	 KHD BF 8L 513C V-8-Zylinder 12.763 ccm 265 kW/360 PS
Höchstgeschwindigkeit	100 km/h	96 km/h	100 km/h	96 km/h	90 km/h
Beschleunigung 0 bis 80 km/h	ca. 60 s	ca. 60 s	ca. 70 s	ca. 50 s	ca. 50 s
Aufbau Baujahr Tankinhalte Wasser Schaum Pulver CO_2	 1987/88 9300 l 950 l – –	 1988/89 9300 l 950 l – –	 1992/93 – – 2000 kg –	 1995/96 – – 2000 kg 90 kg	 1997/98 9300 l 950 l – –
Löschtechnik Pumpe Leistung Pumpenmotor Leistung Dachmonitor Leistung Frontmonitor Leistung	 Rosenbauer R 600 6000 1/min MAN 2566 MUH 177 kW/240 PS Rosenbauer RM 60 E 4000 l/min Rosenbauer RM 8 E 820 l/min	 Rosenbauer R 600 6000 1/min MAN 2566 MUH 177 kW/240 PS Rosenbauer RM 60 E 3900 l/min Rosenbauer RM 8 E 900 l/min	 – – – – – – Rosenbauer RM 8 EP 2x20 kg/s	 – – – – – – Rosenbauer RM 25 EP 40 kg/s	 Rosenbauer R 600 6000 1/min MAN 2566 MUH 177 kW/240 PS Rosenbauer RM 60 E 3900 l/min Rosenbauer RM 8 E 900 l/min
Reifengröße	16.00 R 20 XL 28 PR	16.00 R 20 XL 28 PR	16.00 R 20 XL 28 PR	16.00 R 20 XL 28 PR	16.00 R 20 MIL
Leergewicht zul. Gesamtgewicht	18.540 kg 30.000 kg	19.300 kg 30.000 kg	29.000 kg 32.000 kg	21.380 kg 28.000 kg	20.300 kg 29.000 kg
Fahrzeugabmessungen LxBxH (mm)	9655x2900x3400	10.550x2900x3400	10.400x2600x4170	9980x2500x3420	10.900x2900x3380
Zusatzausrüstung	Rotzler Seilwinde	Rotzler Seilwinde	9 kVA Generator Atlas-Kran/Bühne Rotzler Seilwinde	25 kVA Generator 12-m-Lichtmast (6x1000 Watt)	Rotzler Seilwinde

Wenn Sparky ins Gelände geht

Feuerlöschpanzer der US-Armee in Deutschland

von Benno Knorr

Östlich von Nürnberg liegen die ausgedehnten Übungs- und Schießbahnen des 7. Army Training Command (7. ATC). Das Klirren von Panzerketten, marschierende Konvois sowie das Donnern von Geschützen beherrschen das Bild von Grafenwöhr und Hohenfels in der Oberpfalz.

Bedingt durch den militärischen Auftrag der beiden Armeebasen, den kontrollierten Einsatz scharfer Munition, ist die Gefahr von Bränden hoch. Besonders in den durstigen Monaten, wenn Gras, Hecken und Bäume knochentrocken sind und ein kleiner Funke einen Flächenbrand auslösen kann.

Die Berufsfeuerwehren des 7. ATC der US-Armee benutzen einen umfangreichen Fuhrpark an Löschfahrzeugen sowie einige Außenlastbehälter für Hubschrauber. Die Besonderheit im Inventar dieser Feuerwehren sind aber Löschfahrzeuge auf Ketten. Bereits in den fünfziger Jahren kam man zu der Erkenntnis, daß Radfahrzeuge für den Einsatz in der sogenannten Impact Area (dem Zielgebiet/Einschlaggebiet der Granaten) wegen der Verletzbarkeit der Luftbereifung durch umherliegende Granatsplitter weniger geeignet waren. Probeweise transportierte man Löschgeräte auf Kettenfahrzeugen der übenden Truppe zu den Einsatzorten im Schießgebiet.

Anfang der sechziger Jahre machte man dann Nägel mit Köpfen beim Grafenwöhr Fire Department. Man besorgte sich einige alte M-3 Halbkettenfahrzeuge und stattete diese mit 1600 l-Tanks (ausgediente Treibstofftanks) und Armeewasserpumpen aus. Intern nannte man diese Fahrzeuge Sparky 1 und Sparky 2 (Sparky, der Dalmatinerhund ist das Maskottchen der amerikanischen Feuerwehr). Beide M-3s waren rot lackiert und mit hübschen Sparky-Symbolen versehen. Zusätzlich standen aber noch einige Halbketten in Reserve, welche aber in olivgrün belassen wurde. Sparky 2 erhielt später einen 2500 l-Tank und eine 470 l/min-Pumpe aus Beständen der Forstverwaltung.

„Sparky I" und „Sparky II", Halftracks, Grafenwöhr

Foto: Coll. Knorr, Crismon

„Sparky I", Halftrack, Grafenwöhr Foto: Coll. Knorr, Crismon

In den siebziger Jahren erreichten die Halbketten das Ende ihrer Nutzbarkeit und man machte sich auf die Suche nach einem Nachfolgemuster. Aus dem umfangreichen Bestand von ausgedienten Armeefahrzeugen, die für den Einsatz als Hartziel auf den Schießbahnen warteten, pickte man 1978 einen intakten leichten M-114 Aufklärungspanzer sowie einen großen Posten Ersatzteile heraus. Man schnitt den Panzeraufbau hinter dem Fahrerraum und dem Motorgehäuse ab und setzte auf die so entstandene „Ladefläche" den 2500 l-Tank des Sparky 2 Halftracks. Die kleine TS 4,7 fand auf der Motorabdekkung Platz. Um den Feuerwehrleuten den „Ritt" auf Sparky, wie auch dieses Fahrzeug wieder getauft wurde, etwas bequemer zu machen, montierte man einen Treckersitz neben die TS. So war auch ein Löschen aus der Bewegung möglich. Ein recht abenteuerliches Bild!

Mitte der achtziger Jahre gingen dann auch die Ersatzteile dieses Oldtimers aus der Vietnam-Ära zur Neige, und er wurde 1986 endgültig ausgesondert. Er endete, wie vorgesehen, als Hartziel auf der Schießbahn. Durch seine rote Farbe war er noch lange gut zu erkennen.

Die sehr guten Erfahrungen mit Löschfahrzeugen auf Ketten ließen die Männer vom Grafenwöhr Fire Department erneut Ausschau nach brauchbarem Ersatz halten. Der 1987 eingeführte 1000 Gallonen Pumper von „Amertek" konnte dem harten Einsatz auf den Schießbahnen nicht voll gerecht werden.

Die Wahl fiel auf einen M-548 A1 „Full Tracked Cargo Carrier" (Transportfahrzeug auf Ketten), der der bewährten M-113 Schützenpanzerfamilie angehört und vorwiegend als Lastenträger und Munitionstransporter für die Panzerartillerie eingesetzt war.

Zwar nutzten verschiedene Armeefeuerwehren in den USA den ursprünglichen M-113 als Löschfahrzeug, doch wollten die Feuerwehrmänner aus Grafenwöhr lieber den M-548 mit seiner großen Ladefläche nutzen, als wieder einen geschlossenen Panzer zu zerschneiden.

Auf die Ladefläche des M-548 setzte man einen riesigen 5000 l-Tank quer zur Fahrtrichtung und kuppelte ihn mit einer deutschen TS 8/8 zusammen. Das Schlauchmaterial lagerte innerhalb der Ladefläche bzw. in einer Wanne hinter der Kabine. Ein Löschen aus der Bewegung war auch möglich, ferner konnte auch eine Anzahl von Feuerwehrleuten mitgenommen werden. Doch es blieb nicht bei diesem einen Sparky neuer Bauart. In Wildflecken in der Rhön baute das dortige Fire Department ebenfalls einen M-548 als Löschpanzer um, beließ jedoch den Munitionskran über der Ladefläche. In aufwendiger Handarbeit fertigte man einen würfelförmigen Wassertank mit 5000 Liter Fassungsvermögen und setzte eine TS 8/8 als Fördermittel ein. Das Fahrzeug wurde in RAL-3000 feuerrot lackiert, während der Tank in leuchtendem Rosa erschien.

Dieser Löschpanzer ging 1994 in den Bestand des Grafenwöhr Fire Departments über, da der Übungsplatz Wildflecken der Truppenreduzierung zum Opfer fiel. In Grafenwöhr demontierte man den Munitionskran und baute zwischen Kabine und Tank ein Podest, um der Löschmannschaft einen sicheren Stand zu gewähren. Die Frontscheibe wurde vergittert und das Fahrzeug als Sparky 3 in den Bestand genommen.

Den ersten M-548 aus den achtziger Jahren baute man wieder um und pflanzte einen aus zwei US-Standardbehältern zusammengeschweißten Tank mit 5000 l Fassungsvermögen auf. Ebenso vergitterte man die Kabine und baute ein Podest für die Mannschaften auf.

Grafenwöhr fertigte dann auch noch einen dritten M-548 als Feuerlöschpanzer mit gleicher Ausstattung wie die beiden anderen Fahrzeuge. Auf diese Weise entstand fast ein Normfahrzeug der US-Feuerwehren.

Im Südbereich des Übungsplatzes Grafenwöhr liegt der große Armeestandort Vilseck, der mit Teilen auch dem 7. ATC untersteht. Im Zuge der Aufrüstung der Armeefeuerwehren mit Kettenfahrzeugen baute man auch hier einen M-548 als Feuerlöschpanzer um. Vorbild waren die Sparkys aus dem benachbarten Grafenwöhr. In Vilseck nutzte man auch einen der geschweißten Wassertanks mit 5000 Litern, montierte aber zusätzlich eine Schnellangriffshaspel eines ausgemusterten Class 530 Tanklöschfahrzeugs zur direkten Feuerbekämpfung auf. Ebenso beließ man den MG-Drehring über der Fahrerkabine. Er wurde zum Standplatz des Strahlrohrführers.

Etwa 50 km südlich von Grafenwöhr/Vilseck liegt der andere noch genutzte Übungsplatz der US-Streitkräfte. Er ist nach dem Marktflecken Hohenfels benannt und dient hauptsächlich dem Training größerer Truppenverbände sowie seit einiger Zeit als Ausbildungsplatz der NATO-Spezialverbände für den UN-Einsatz. Da aber auch in Hohenfels scharf geschossen

M-114 im Einsatz

Der M-114 Fire-Fighting-Tank als Hartziel ausgeschlachtet

Beim M-114 Fire-Fighting-Tank sind die Schnittkanten am Aufbau zu beachten

Wassertank von M-114 heute

Erster M-548 Fire-Fighting-Tank 7. ATC, Grafenwöhr

M-548 Fire-Fighting-Tank, Grafenwöhr

M-548 auf dem Marsch, Grafenwöhr

Fire-Fighting-Tank, Hohenfels

Fire-Fighting-Tank „Smokey", Vilseck; zu beachten ist die Schlauchhaspel von einem alten US-TLF

Der „Sparky I" wurde vor der Umlackierung in Rot noch in MERDC-Tarnung gefahren, Grafenwöhr

„Sparky II", Grafenwöhr. Dieses Fahrzeug ist das umgebaute erste M-548 A1-Fahrzeug.Es hatte ursprünglich einen runden Tank quer und keine Standflächen und Schutzgitter

Der Fire-Fighting-Tank vor dem Umbau, Wildflecken

Fire-Fighting-Tank, Wildflecken; zu beachten ist die Krananlage zum Munitionstransport

„Sparky III", Grafenwöhr, zuvor Wildflecken

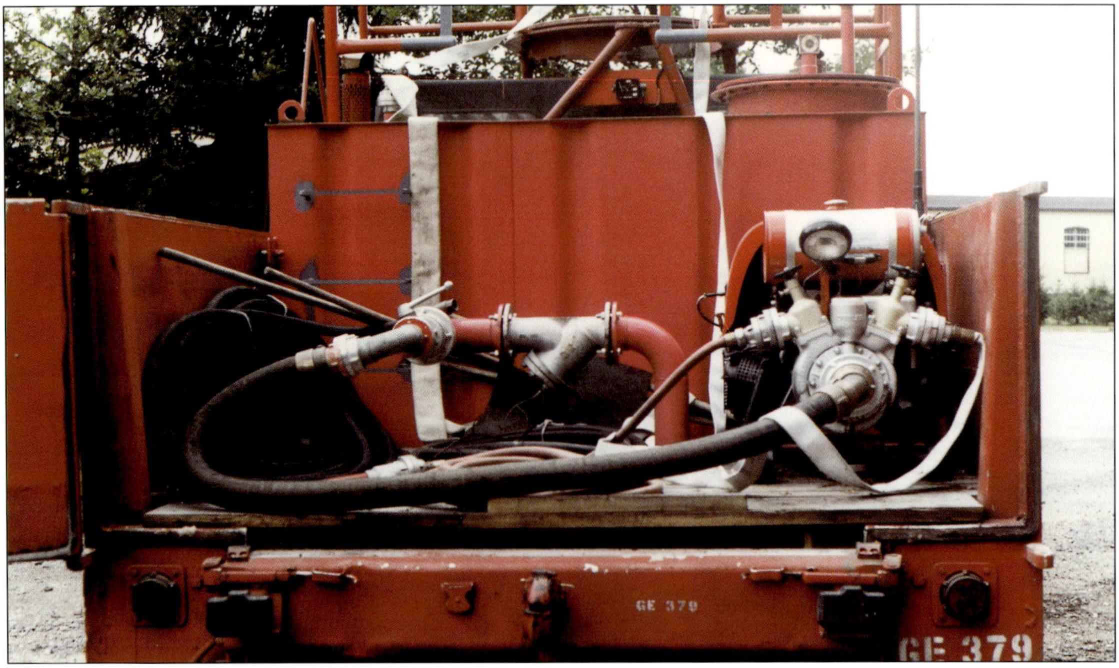

„Sparky III", Grafenwöhr

wird, mußte sich das dortige Fire Department auf diese Situation einstellen. Angeregt durch die Feuerlöschpanzer in Grafenwöhr, baute man ebenfalls einen M-548 für den Löscheinsatz um. Die Krananlage wurde abgebaut und ein 5000 l-Behälter (ein ehemaliger Öltank) auf der Ladefläche montiert. Das Löschwasser wird über eine Schnellangriffshaspel von einer TS 6/5 ausgebracht. Hohenfels nennt seinen Feuerlöschpanzer „Range Truck". Zeitweise wird hinter dem „Range Truck" auch ein landwirtschaftlicher Tankanhänger mit aufmontiertem Monitor gezogen.

Mittlerweile haben die „Fire Tanks" der deutschen US-Fire Departments in den USA Schule gemacht. Dort baut man nach jahrelanger Nutzung verschiedenster Kettenfahrzeuge (z. B. Sherman-Pz., Buffalo-Amphienfahrzeug, Thiokol-Carrier, M-113 und einige mehr) nun auch M-548 A1 und A2 Full Tracked Carriers zu Löschgeräten um. So nutzt u. a. das Fire Department von Fort Polk einen umgebauten M-548, der allerdings sehr hecklastig wirkt.

Doch auch die Bundeswehr, die französischen Streitkräfte sowie das dänische Heer nutzen in Europa Löschgeräte auf Ketten. Viele Fahrzeuginteressierte erinnern sich noch an das Schlagwort „Konversion" mit den zu Löschgeräten umgebauten Kampfpanzern auf der Interschutz 1994.

Technische Daten zu den Basisfahrzeugen

Halftrack M-3

Hersteller	White, IMC, Diamond T, Autocar
Motor	6 Zylinder Reihen-Benzinmotor 6,3 l Hubraum
Leistung	147 SAE-PS
Gänge	4 Vorwärts-, 1 Rückwärtsgang, manuell
Maße	Länge: 243 inches, Breite: 77,5 inches, Höhe: 89 inches
Gewicht	14800 lb
Panzerung	Vorne/Seiten: 12,7 mm, Heck: 6,35 mm

M-518 A1 Carrier, Cargo, Full Tracked

Hersteller	FNC
Motor	V 6 Zylinder CM bzw. Detroit Diesel 6 V 53 5,1 l Hubraum
Leistung	215 PS
Getriebe	Automatik (Allison TX 100-1)
Maße	Länge: 5,90 m, Breite: 2,69 m, Höhe: 3,30 m Laderaum: Länge: 3,30 m, Breite: 2,45 m, Höhe: 1,56 m
Gewicht	7,5 t Leergewicht, 12,5 t Gesamtgewicht
Sonstiges	9 t-Frontwinde

M-114 Carrier, Full Tracked, Armored, Command & Reconnaissance

Hersteller	GM-Allison-Cadillac
Motor	Chevy V 8
Leistung	160 PS
Getriebe	Automatik
Maße	Läge: 176 inches, Breite: 92 inches, Höhe: 91 inches

Betriebsfeuerwehr ispo – Kriftel

Oldie hat ausgedient

von Achim Schmidt

Das Putz- und Farbenwerk in Kriftel „ispo" ist der zum Dyckerhoff-Konzern gehörende Hersteller von diversen Verputzen und Farben, die dem einen oder anderen aus der Branche bekannt sein dürften.

Die Betriebsfeuerwehr besteht aus dem hauptamtlichen Leiter Gerhard Freund, der sich um die Feuerwehr tangierenden Belange des Werkes kümmert, und um weitere 15 „freiwillige" Feuerwehrmänner, die während der Arbeitszeit anderen Tätigkeiten nachgehen. Die Angehörigen der Betriebsfeuerwehr werden einmal wöchentlich zu einer Übung freigestellt, so daß sie ihre Einsatzbereitschaft ständig trainieren können. 99 % der Betriebsfeuerwehrmänner haben den Grundlehrgang für Freiwillige Feuerwehren absolviert, vier besuchen in absehbarer Zeit einen Atemschutzlehrgang. Gerhard Freund bezeichnet die seitens der Werksleitung zur Verfügung gestellte Ausrüstung (u.a. modernste „Albatros"-Einsatzkleidung und „Auer"-Helme) als vorbildlich.

Was die Vorbeugung angeht, so finden sich im Werksgelände im Abstand von 70 bis 80 Metern Überflurhydranten, die durch eine Ringleitung gespeist werden. Eine stationäre Schaumlöschanlage ist in Betrieb, eine zweite wird momentan installiert. Im Werk werden ständig 6000 l Schaummittel vorgehalten. Weiterhin steht eine Sprinkleranlage zur Verfügung.

Bei einem Einsatzfall wird natürlich auch die kommunale Freiwillige Feuerwehr der Gemeinde Kriftel (wurde im Jahrbuch Feuerwehrfahrzeuge 1999 vorgestellt), sowie die Hauptstützpunktwehr aus Hofheim/Taunus alarmiert, sofern es sich nicht wirklich um eine Kleinigkeit handelt.

Bis zum Juni 1996 verfügte die Betriebsfeuerwehr der Firma u.a. über das 41 Jahre alte und voll einsatzfähige TLF 15-T (wurde ebenfalls im Jahrbuch

Fahrzeugpark der Betriebsfeuerwehr der ispo Kriftel. Von links: Kombiwerfer, MTF, TLF 16/24-S

TLF 16/24-S
Mercedes Benz LAF 1113

... mit geöffneten Geräteräumen

Im hinteren, linken Geräteraum ist der Schnellangriff „Schaum" erkennbar

Feuerwehrfahrzeuge 1999 vorgestellt), das – nach Ersatzbeschaffung – dem Feuerwehrmuseum in Fulda überlassen werden sollte. Die Idee an sich war durchaus lobenswert, denn das Fahrzeug verdiente in seinem Zustand eine museale Erhaltung. Allerdings gab das Museum zu erkennen, daß es das Fahrzeug derzeit nicht unterstellen könne und somit diese Spende nur annehmen werde, wenn die Firma ispo einen anderweitigen Stellplatz anmiete. Unter diesen Umständen wurde das Fahrzeug – verständlicherweise – nicht an das Museum verschenkt, sondern anderweitig verkauft, – sehr schade.

Das MTF und die Kombiwerfer brauchen nicht näher beschrieben werden, das TLF 16/24-S jedoch ist eine eingehende Betrachtung wert:

Das Fahrzeug ist für eine Staffelbesatzung (1/5) vorgesehen, mit Martin-Preßluftfanfaren und drei Rundumkennleuchten als Sondersignalanlage ausgerüstet und neben anderen, auf die Belange des Werkes zugeschnittenen Sonderausrüstungen, mit Kanalabdeckungen, Wassersauger und Force-Rettungsgerät bestückt. Auf dem Dach werden mitgeführt:

- 4-teilige Steckleiter
- 3 Kanister Ölbindemittel
- 2 Schlauchbrücken
- Wasserwerfer

Ferner ist das Fahrzeug mit einer Feuerlöschkreiselpumpe FP 16/8 ausgerüstet (1600 l/min Nennförderstrom bei 8 bar Nennförderdruck.

Daraus folgt natürlich auch, daß bei dem eingebauten Tank für 2400 l Wasservorrat diese Pumpenleistung nicht „gefahren" werden kann, solange das Fahrzeug nicht extern, z.B. durch Anschluß an Hydranten, mit Wasser versorgt wird. Eine Schnellangriffseinrichtung (Wasser) mit Hohlstahlrohr ist selbstverständlich vorhanden.

Derzeit stellt sich der Fahrzeugpark der Betriebsfeuerwehr ispo wie folgt dar:

1 MTF
Ford Transit, Baujahr 1986
amtl. Kennzeichen: MTK – YE 285

1 TLF 16/24-S
Mercedes-Benz LAF 1113, Baujahr 1974
Aufbau: Bachert (Fabrik-Nr. 303/74)
amtl. Kennzeichen: MTK – WA 840

2 Kombiwerfer Wasser/Schaum
Alco (1600 l Wasserdurchfluß/min)
auf 1-Achsanhänger (0,75 t zulässiges Gesamtgewicht)
nicht zugelassen nach StVZO

Pumpenstand mit Schaumzumischanlage des TLF 16/24-S Mercedes Benz 1113

MTF der Betriebsfeuerwehr ispo

Das Baujahr 1974 sagt so noch gar nichts aus. Das Fahrzeug versah als „DIN-TLF 16" zunächst seinen Dienst bei der Feuerwehr Duisburg, die es nach Aussonderung an die Firma Thoma abgab. Dieses Unternehmen hat sich auf den An- und Verkauf gebrauchter Feuerwehrfahrzeuge spezialisiert. Falls notwendig, werden einzelne Fahrzeuge technisch und optisch überholt, bevor sie – bei neuen Besitzern – weiterhin zuverlässig ihren Dienst versehen.

Im Fall dieses Fahrzeuges wurde sogar noch eine neue Schaumlöschanlage der Firma Hale mit 200 l-Tank und Schnellangriff-Schaum mit Kombi-Schaumrohr eingebaut. Mit diesem modernsten System kann die Zumischung von Schaummittel elektronisch zwischen 0,1 und 1,5 % gesteuert werden. Diese Anlage ist im Main-Taunus-Kreis einzigartig.

Die Anschaffungskosten des Fahrzeuges belaufen sich auf etwa 50.000 DM. Diese konnten nur dank der Eigenleistung von nahezu 20 Arbeitstagen durch die Angehörigen der Betriebsfeuerwehr realisiert werden. Trotz seines Alters von 23 Jahren befindet sich das Fahrzeug nun auf einem sehr modernen Stand der Brandschutztechnik und wird sicherlich noch lange Zeit wertvolle und nützliche Dienste bei der Betriebsfeuerwehr leisten.

Wasser/Schaum-Kombiwerfer , Hersteller Alco

Betriebsfeuerwehr – Die Zweite

„Der vielleicht kürzeste Löschzug der Welt"

von Achim Schmidt

Hofheim am Taunus – hier werden, neben anderen „guten Sachen", Papierschneidemaschinen hergestellt, die der Fachbranche auf der ganzen Welt bekannt sind. Hersteller ist die Firma Polar Mohr, ein traditionsreiches Familienunternehmen, das neben dem Hauptsitz auch über einen Zweigbetrieb in der Stadt verfügt.

Das soll aber nicht das Thema sein, sondern das einzige Fahrzeug der Betriebsfeuerwehr, das bereits seit zehn Jahren seinen Dienst zuverlässig und praktisch versieht: Es handelt sich um einen keiner Norm entsprechenden Eigenausbau, der durch Angehörige der Betriebsfeuerwehr auf Basis eines geschlossenen Suzuki Super Carry-Kasten-„LKW" angefertigt wurde. Im Einsatz handelt es sich tatsächlich um einen „Lösch-Zug", denn dann wird ein Einachsanhänger angekoppelt, auf den nicht verzichtet werden sollte.

Das Fahrzeug wurde seinerzeit auf Initiative von Eberhard Jakobi, dem Brandschutzbeauftragten des Unternehmens angeschafft, um effektiv Entstehungsbrände in den Produktions- und Lagerhallen bekämpfen zu können, bis die kommunale Feuerwehr aus Hofheim eintrifft, bzw. kleinere Feuer ohne die Hilfe der kommunalen Feuerwehr zu löschen.

Fahrgestell
LKW, (geschlossener Kasten, 5 Türen)
Marke Suzuki – Typ Super Carry
970 cm^3 Hubraum
45 PS Leistung
Erstzulassung: 03/1986
amtl. Kennzeichen: MTK – PM 75

Anhänger (Spriegel/Plane)
Hersteller: Westfalia
zulässiges Gesamtgewicht: 350 kg
Erstzulassung: 09/1986
amtl. Kennzeichen: MTK – XY 82

Suzuki Super Carry mit Löschanhänger, Betriebsfeuerwehr Polar Mohr

Suzuki Super Carry mit der „Light Water"-Anlage auf dem Anhänger. Die geöffnete Schiebetür zeigt die praktische Entnahmemöglichkeit des Einsatzgerätes auch von der Fahrerseite aus

Interessant ist aber vor allem die Beladeliste dieses „Löschzuges", die hier ausschnittsweise vorgestellt werden soll. Auf dem Fahrzeug befinden sich, neben sonst üblichen Werkzeugen und feuerwehrtechnischer Ausrüstung:

- 3 Atemschutzgeräte (Dräger)
- 3 Atemschutzmasken (Dräger)
- 3 Feuerwehrhelme mit Klappvisier
- 3 Sicherheitsgurte mit Beil und Tasche

Somit können drei Feuerwehrmänner sofort mit dem erforderlichen Einsatzgerät ausgestattet werden. Weiterhin sind auf dem Fahrzeug verlastet:

- 1 Trennschleifer (Fein)
- 1 Motor-Kettensäge (Stihl)
- 1 Allzweckmotorpumpe (Mast)
- 1 Rettungssitz
- 2 Handfunkgeräte für Betriebsfunk (Motorola)

Die Ausrüstung des mitgeführten Anhängers läßt sich ebenfalls sehen:

- 1 Light-Water-Anlage (Müller-Illertissen) Typ SL 50 AFFF
- 1 Brennschneidegerät (tragbar)
- 1 Satz Hebekissen Typ V 18 (Vetter)
- 1 Kanister Ölbindemittel

Die Anschaffungskosten dieses „Löschzuges" beliefen sich vor elf Jahren auf ca. 45.000 DM, wobei etwa 15.000 DM auf das Fahrzeug und etwa 30.000 DM auf die feuerwehrtechnische Beladung entfielen.

Während seiner Dienstzeit hat der „Löschzug" sich sehr gut bewährt und schon so manchen Maschinenbrand in den Produktionshallen gelöscht, bevor es zu einem größeren Schaden kommen konnte. Trotzdem wird das – in Deutschland zumindest einmalige – Fahrzeug nicht mehr ersetzt, sollte der TÜV „seinen Segen" irgendwann einmal verweigern.

Den Kenntnissen des Autors nach, soll es „irgendwo in der Schweiz" noch ein gleichartiges Fahrzeug geben – Infos hierzu sind gerne willkommen.

Münchner Kindl

MAN-Feuerwehrfahrzeuge 1957 bis 1985

von Dieter Hasemann

Bei der bayerischen LKW-Schmiede MAN begann 1955 eine neue Ära. Im Sommer des betreffenden Jahres stellte die Firma eine nagelneue mittelschwere Lastwagengeneration vor, die das Erscheinungsbild der Marke für eine sehr lange Zeit prägen sollte. Mindestens ebenso wichtig war der Umzug der gesamten LKW-Produktion von Nürnberg nach München. Im Norden der bayerischen Metropole entstand aus dem ehemaligen Flugmotorenwerk der BMW Deutschlands modernste LKW-Fabrik. Lediglich die Dieselmotorenherstellung blieb weiterhin im Nürnberger Stammwerk. Der erste MAN aus Münchner Fertigung, ein echtes „Münchner Kindl", lief am 11. November 1955 vom Band. Es war ein Fahrzeug der neuen Haubergeneration.

Bis April 1994 baute MAN in München die berühmten und einst so beliebten Hauber mit der sogenannten „Pontonform" und damit länger als jedes andere Lastwagenmodell in Deutschland. Beim ersten Auftritt signalisierte das supermoderne und ungewohnte Design den Aufbruch in eine neue Zeit, weg von den kantigen alten Kisten der 40er und frühen 50er Jahre. Verblüffend ist vor allem, daß die Grundform der MAN-Hauber auch nach Jahrzehnten keineswegs altmodisch wirkt. Die geschwungene, rundliche Gestaltung von Kühler und Kabine sind einfach zeitlos schön und unaufdringlich in ihrer bulligen Eleganz. Mit Fug und Recht kann man behaupten: Hier waren echte Profis mit sicherem Stilempfinden am Werke! Das Ergebnis war einer der gelungensten und formschönsten Haubenlastwagen, der je gebaut worden ist.

Nachdem MAN Ende 1955 mit der Serienfertigung des neuen Modells 400 L 1 begonnen hatte, dauerte es auch nicht sehr lange, bis die ersten Feuerwehrfahrzeuge auf den modernen Chassis entstanden. Metz in Karlsruhe baute die ersten sechs Fahrzeuge 1957, zwei DL 25, zwei TLF 16 und zwei LF 16. Die beiden Drehleitern wurden auf 120 PS starke MAN des Typs 520 L 1 aufgebaut und an die BF Buenos Aires geliefert, einem langjährigen Stammkunden von Metz und MAN. Die übrigen vier Fahrzeuge gingen im Juni 1957 an die BF Nürnberg, die traditionell ebenfalls zu den wichtigsten Kunden von MAN gehört. Die vier normgetreuen Löschfahrzeuge

Das erste von Ziegler gebaute LF 16 auf einem MAN 415 L 1 erhielt die BF Augsburg 1960 Foto: R. Matthies

Für die BF Nürnberg baute Metz 1960 zwei DL 30h auf MAN 520 L 1. Es waren die ersten hydraulisch betriebenen 30 m-Drehleitern auf MAN-Chassis

Foto: Metz

Die meisten Berliner Löschfahrzeuge der 60er Jahre erhielten Aufbauten von Glasenapp. Zahlreiche Exemplare entstanden 1965/66 auf den MAN-Typen 450 HA-LF. Ein solches Fahrzeug als TLF 16 ist auf dem Foto abgebildet

Auch wenn es nicht so aussieht – es war ein Feuerwehrfahrzeug! Die BF Berlin unterhielt mehrere grau lackierte MAN mit Doppelkabine und Pritsche als Ausbildungsfahrzeuge für die Fahrschulabteilung. Abgebildet ist ein MAN 450 H-LF von 1967

Zwei Metz LF 16 von 1965 in ähnlicher Bauausführung auf MAN 635 H (HA). Oben ein Fahrzeug aus einer Bauserie für Buenos Aires, unten eines von zwei Fahrzeugen für Nürnberg. Während das Nürnberger Fahrzeug eine etwas längere Mannschaftskabine hat, ist bei dem argentinischen Fahrzeug der Aufbau etwas größer Fotos: Metz

Für die Landkreise Offenburg und Kehl baute Metz 1966 einen gemeinsamen GW-Öl. Das mit einer Vorbauseilwinde ausgerüstete Allradfahrgestell ist ein MAN 450 HA-LF Foto: Metz

hatte Metz auf Fahrgestelle des Typs 415 L 1 aufgebaut, der etwas kleineren Variante des 520 L 1, mit den 115 PS-Motoren. Die MAN-Modelle 415 und 520 wurden in den ersten Jahren generell für Feuerwehrfahrzeuge verwendet, ab 1961 kam der größere 635 L 1 mit der 135 PS-Maschine hinzu. Von diesen drei Fahrgestellen gab es natürlich auch Allradversionen, die besonders für TLF verlangt wurden. Nachdem zunächst nur Metz die MAN-Hauber für Feuerwehrzwecke nutzte, stellten 1958 Glasenapp und 1959 auch die Firmen Bachert und Ziegler ihre ersten MAN-Feuerwehrfahrzeuge vor, dabei handelte es sich um die genormten LF 16, LF 16-TS und TLF 16. Glasenapp belieferte bis Mitte der 60er Jahre ausschließlich die BF Berlin mit Löschfahrzeugen. Zieglers Auftraggeber waren durchweg Freiwillige Feuerwehren, mit Ausnahme der BF Augsburg, die 1960 das erste LF 16 auf MAN erhielt. Bacherts erster aufgebauter MAN, ebenfalls ein LF 16, ging an die Werkfeuerwehr der MAN-Fabrik in Augsburg. Die erste Drehleiter einer deutschen Feuerwehr auf dem modernen MAN-Chassis war eine Metz DL 25 auf MAN 415 L 1, 1959 an die FF Kornwestheim geliefert. Ab 1960 baute Metz schließlich die neuentwickelte hydraulische 30 m-Leiter auf die MAN-Modelle 520 L 1, zunächst zwei Exemplare für die BF Nürnberg, dann ab 1961 13 Einheiten für die BF Berlin. Diese beiden Berufsfeuerwehren blieben bis in die frühen 80er Jahre die wichtigsten Abnehmer von MAN-Feuerwehrfahrzeugen im Inland. Berlin erhielt insgesamt zirka 160 MAN-Hauber, Nürnberg brachte es auf immerhin 54. Im Ausland standen Argentinien und Dänemark an der Spitze der Exportländer für MAN-Feuerwehren, besonders die BF Buenos Aires besaß eine beträchtliche Flotte an MAN-Haubern verschiedenster Ausführung. Die private dänische Rettungsorganisation Falck stellte ab 1972 einen Großteil ihres Fuhrparks auf MAN-Fahrzeuge um.

1962 erhielten die frühen MAN-Hauber kleine kosmetische Veränderungen an der Karosserie sowie neue Erkennungskürzel in Form eines „H" an Stelle des „L". Die neuen MAN-Frontlenker, die aber keine Bedeutung im Feuerwehrbereich erlangten, wurden mit einem „F" gekennzeichnet. Die für den Feuerwehreinsatz tauglichen Hauber hießen nun 415 H bzw. HA in der Allradversion, 520 H (HA) und 635 H (HA). Nur für Spezialfahrzeuge oder für den Export wurden die schweren Hauber der Baureihen 770 H, 780 H, 1070 H und 1080 H als Feuerwehrfahrgestelle verwendet.

Die einzige jemals auf einen MAN aufgebaute hydraulische 18 m-Leiter lieferte Metz 1966 an die FF Materborn. Fahrgestell: MAN 415 H Foto: Metz

Drei schwere Rüstkranwagen (RKW 10) hat Metz auf MAN-Chassis gebaut und nach Argentinien verkauft. Das abgebildete Fahrzeug stammt aus dem Jahre 1967. Der Demag-Kran wurde auf einen 180 PS starken 16-tonner des Typs MAN 1080 H montiert Foto: Metz

Die beiden Abbildungen zeigen zwei MAN 450 HA-LF mit kurzem Radstand und Ziegler-Aufbauten. Das obere TLF 16 der FF Soltau stammt von 1967 und hat noch die alten Klapptüren am Aufbau. Unten ein 1972 für die FF Beilngries gebautes TLF 16 mit den zeitweise recht beliebten zweiteiligen Schwingtüren

Auch Metz verwendete eine Zeitlang die nach oben schwingbaren Aufbauklappen. Das für die FF Zell 1969 gebaute TLF 16 hat einen MAN 450 HA-LF als Untersatz

Es stellte sich allmählich heraus, daß die angebotenen MAN-Fahrgestelle für den Feuerwehreinsatz etwas zu schwach motorisiert waren, die Kundschaft verlangte stärkere Motoren. Die MAN-Techniker entwickelten die 135 PS-Maschine des Typs D 0836 M2 weiter und erzielten als Resultat 150 PS Leistung bei 2500/min. Dieser Motor wurde in das verstärkte Fahrgestell eines 415 H eingebaut und ab 1965 als MAN 450 H mit drei Radständen (3600 mm / 4200 mm / 4800 mm) angeboten. Da dieser Typ speziell für Feuerwehren konzipiert worden war und auch nur im Feuerwehrbereich eingesetzt wurde, erhielten die Chassis auch gesonderte Kennungen: 450 H (HA)-LF für die Löschfahrzeuge und 450 H-DL für Drehleitern. Für die Leiterfahrzeuge stand der lange Radstand von 4800 mm zur Verfügung, jedoch kein Allradantrieb. Die Baureihe 450 setzte sich ziemlich schnell bei den Feuerwehren durch, so daß ab 1966 kaum noch andere Fahrgestelle geordert wurden. Es war das erste Mal überhaupt, daß MAN Fahrgestelle für die besonderen Anforderungen der Feuerwehren in sein Modellprogramm aufnahm. Bis 1972 wurden die 450er in insgesamt 288 Einheiten gebaut und von fast allen namhaften Aufbauherstellern verwendet, besonders Bachert, Metz und Ziegler, aber auch Heines, Arve, Magirus, Glasenapp und Minimax.

Die nächsten Veränderungen im MAN-Typenprogramm erfolgten 1969, ohne daß sich dies für die Feuerwehren auswirkte, da zunächst nur die schweren Hauber betroffen waren. Bislang hatten alle MAN-Hauber die Scheinwerfer in den Koflügeln, nun wurden sie in die Stoßfänger eingebaut, so daß in den Kotflügeln nur die Luftschlitze verblieben. Um am Motor arbeiten zu können, hatte man bisher nur Zugang von oben durch die Kühlerhaube. Bei der Neukonstruktion der Hauber konnte die gesamte Frontpartie, d.h. Haube samt Kotflügel, nach vorn geklappt werden, so daß man von drei Seiten bequem an die Maschine herankommen konnte. 1970/71 wurden auch die kleineren Hauber Zug um Zug mit den neuen Fahrerhäusern ausgestattet, und auf der Interschutz 1972 in Frankfurt waren die ersten der modifizierten MAN-Hauber auch in Feuerwehrausführung zu sehen. Außer den Veränderungen an der Karosserie gab es auch etwas Neues unter der Haube zu entdecken. MAN hatte die neue Motorenbaureihe

Die FF Griessen erhielt 1971 von Bachert ein LF 16-TS auf einem MAN 450 HA-LF. Noch heute versieht das Fahrzeug zuverlässig seinen Dienst

D 25 entwickelt, die fortan in allen Feuerwehrfahrzeugen Verwendung fand.

Nach dem Auslaufen der 450er gab es wiederum Sondermodelle für die Feuerwehren. Für Lösch-, Rüst- und Gerätewagen gab es die Typen 11.168 H (HA)-LF mit 3700 mm und 4100 mm Radstand, und für den Aufbau von Drehleitern stand der 13.168 H-DL mit 5000 mm Radstand zur Verfügung. Mit der neuen Kennzeichnung der Fahrzeuge wurde die Gewichtsklasse, 11.500 kg bzw. 13.000 kg zulässiges Gesamtgewicht, sowie die Motorleistung von 168 PS bei 2300/min kenntlich gemacht. Bereits Ende 1973 stand ein wesentlich stärkeres Aggregat zum Einbau bereit, das ab Baujahr 1974 vermehrt für Feuerwehrfahrzeuge verwendet wurde. Der Fünfzylinder-Dieselmotor D 2555 MX erreichte in dieser Leistungsstufe 192 PS bei 2300/min. So gab es fortan für Feuerwehrdienste auch die Typen 11.192 H (HA)-LF und 13.192 H-DL im MAN-Angebot. Auch diese Fahrzeugmodelle konnten sich im In- und Ausland schnell durchsetzen, und MAN verkaufte während der 70er Jahre mehr Feuerwehrfahrzeuge als jemals zuvor. Natürlich blieb die Berufsfeuerwehr Berlin weiterhin größter Abnehmer von MAN-Haubern. Bei den Aufbauherstellern hatte es unterdessen einen Wechsel gegeben, denn seit 1969 wurden alle Berliner LF und TLF von Bachert gebaut, und ein großer Teil der Drehleitern stammte inzwischen von Magirus. Größere Stückzahlen der neuen Feuerwehr-Chassis gelangten ab 1972 auch zu Falck nach Dänemark. Metz lieferte zwischen 1972 und 1979 fünf DLK 30 auf MAN 13.168 H-DL sowie 1972/73 ein paar TLF. Ab 1974 kaufte Falck nur noch die Fahrgestelle in Deutschland und ließ bei der Firma Nielsen die Aufbauten fertigen. Fast alle großen Falck-Feuerwachen wurden mit ein oder zwei MAN/Nielsen TLF versorgt, so daß sich Nielsen zum zweitwichtigsten Aufbauhersteller für MAN-Hauber hinter Bachert entwickelte. Falck verwendete aber, anders als deutsche Feuerwehren, nicht die Elftonner als TLF, sondern die 13-tonner des Typs 13.168 H-LF, die es in dieser Version in Deutschland nicht gab. Falck kaufte auch schwerere zwei- und dreiachsige MAN-Haubenfahrgestelle und machte daraus Tanker oder Kran- und Abschleppfahrzeuge. Viele MAN-Fahrzeuge wurden bei Falck in den eigenen Werkstätten umgebaut, verändert oder gebraucht erworben und zu Feuerwehrfahrzeugen hergerichtet. Falck besaß in den 70er und 80er Jahren eine ziemlich umfangreiche Flotte von mehreren Dutzend MAN-Haubern. Wieviele es genau gewesen sind, ist leider nicht bekannt und von Falck nicht zu erfahren.

Neben den Standardfahrgestellen der 11 t- und 13 t-Klasse hat es auch zahlreiche Sonderfahrzeuge und Einzelexemplare auf normalen LKW- und Kipperfahrgestellen gegeben. Hierbei muß vor allem die Feuerwehr Salzgitter hervorgehoben werden, die sich zwischen 1973 und 1983 einige bemerkenswerte und einmalige MAN-Feuerwehrfahrzeuge zugelegt hat, insgesamt zehn Fahrzeuge, ebensoviele wie die BF Augsburg. Gleich der erste MAN-Hauber in der neuen „MAN-Stadt" Salzgitter (seit der Übernahme von Büssing 1971 hatte Salzgitter eine MAN-Fabrik) war ein spektakuläres Einzelstück das seinesgleichen sucht. Es war der einzige von nur fünf gebauten RW 3 auf Hauben-MAN, der eine Staffelkabine bekam. Als Fahrgestell fand der 16.256 HA mit dem für ein Allradfahrzeug extrem langen Radstand von 5200 mm Verwendung. Da das Kipperfahrgestell dieses Typs nur mit 4600 mm Radstand lieferbar war, wurde ein langer 16.240 H mit Allradantrieb und stärkerer Maschine nach Kundenwunsch ausgestattet. Die Kabinenverlängerung und der Geräteaufbau wurden von Bachert gefertigt. Mehr als 24 Jahre war der imposante Rüstwagen in Salzgitter im Einsatz, dann kam er in eine historische Nutzfahrzeugsammlung.

Auch der zweite MAN in Salzgitter war ein interessantes Einzelexemplar. 1976 wurde ein TroTLF16 von Bachert mit einer 750 kg-Pulverlöschanlage in Dienst gestellt. Das Bemerkenswerte daran ist, daß nicht der übliche MAN 11.192 HA-LF verwendet wurde, sondern der wesentlich größere 15.240 HAK, ein allradgetriebenes Kipperfahrgestell für 15 t Gesamtgewicht. Angetrieben wurde das Fahrzeug von dem immerhin 240 PS leistenden 11,4 l-Motor, der so groß war, daß er unter die normale Haube der 11- und 13-tonner nicht paßte. Deswegen hatte dieses Fahrzeug eine deutlich längere Haube und wirkte noch imponierender als andere Haubenwagen.

Ebenfalls einmalig waren zwei LF 16, die 1983 und 1986 in Salzgitter in Dienst gestellt wurden, da sie über Chassis mit serienmäßigem Truppfahrerhaus und im Aufbau integrierte Mannschaftskabinen verfügten. Beide Fahrzeuge hatten unterschiedliche Fahrgestelltypen und stammten von verschiedenen Aufbauherstellern, waren also nur von der Grundkonzeption her gleich. Das erste Fahrzeug war ein MAN 16.240 HAK mit langer Haube und 4600 mm

Das einzige MAN-Leiterfahrzeug der Schweiz wurde Anfang 1970 bei der FW Muttenz in Dienst gestellt. Metz baute die DLK 30 auf einen MAN 8.156 H, einen 13-tonner mit einer 156 PS starken Maschine. Man beachte die Trilex-Felgen!

Foto: Metz

Sieben DLK 30 auf MAN 450 H-DL erhielt die BF Berlin von Magirus zwischen 1969 und 1972. Eines dieser Fahrzeuge wurde 1988 von der FF Soltau erworben, wo es 1996 fotografiert wurde

Ebenfalls sieben Exemplare erhielt Berlin von den neueren MAN-Haubern des Typs 13.168 H-DL mit Magirus DLK 30 und Staffelkabine. Gebaut und ausgeliefert wurden die Fahrzeuge zwischen 1973 und 1975

Die einzige deutsche Feuerwehr, die drei MAN-Hauber als Wechsellader eingesetzt hat, war die BF Nürnberg. Das Foto zeigt einen MAN 15.200 H mit Meiller-Hakenabrollsystem und einem von Metz gebauten Wechselaufbau-Waldbrand

Foto oben: Für die BF Salzgitter baute Bachert 1976 ein ungewöhnlich großes und schweres TroTLF 16. Unter der langen Haube des MAN 15.240 HAK (4x4) arbeitet ein 240 PS starker Motor des Typs D 2566 M.
Ein weiteres Einzelstück aus Salzgitter ist auf dem unteren Foto abgebildet. Es ist ein Metz LF 16 mit einem im Aufbau integrierten Mannschaftsraum. Chassis: MAN 11.192 HA-LF

Radstand, während das zweite Fahrzeug der übliche MAN 11.192 HA-LF mit 4100 mm Radstand war. Der 83er MAN, mit einem Aufbau von Bachert, unterschied sich äußerlich nicht nur durch die längere Haube von dem von Metz gebauten Fahrzeug. Auch der Gerätekoffer wies zwei wesentliche Unterscheidungsmerkmale auf. Der Bachert-Aufbau hatte drei Geräteräume je Seite und nur ein Fenster in der Tür des Mannschaftsabteils, der Metz-Aufbau verfügte über nur zwei Geräteräume, aber zwei Fenster je Seite. Das Bachert-Fahrzeug verrichtete seinen Dienst bei der BF Salzgitter, das Metz-Fahrzeug bei den Freiwilligen in Salzgitter-Gebhardshagen. Ein Wort noch zu dem Baujahr des Metz LF 16. Zusammen mit einem zweiten MAN-Hauber erwarb Salzgitter das Fahrgestell bereits 1984 (Baujahr 1983), vermutlich stammte es aus der letzten Bauserie der Modelle 11.192. Mehrere Monate stand das Fahrgestell herum, bevor es zu Metz nach Karlsruhe kam. Ende 1985 wurde der Aufbau gefertigt und erst 1986 wurde das Fahrzeug zugelassen und in Dienst gestellt.

Auch andere Feuerwehren hatten in den 70er Jahren interessante Fahrzeuglösungen auf MAN-Basis zu bieten. In Nürnberg gab es einen kombinierten GW-Atemschutz/Wasserrettung von Metz auf MAN 11.168 HA-LF sowie die einzigen WLF auf MAN-Hauber der Typen 16.200 H und 16.192 H. Augsburg hatte einen GW-Öl von Ziegler auf MAN 11.168 HA-LF und einen Einsatzleitwagen mit Kofferaufbau von Meyer auf MAN 11.168 HA-LF. Die Werkfeuerwehr Continental erhielt einen MAN 11.168 H-LF mit Arve-Aufbau als TroTLF 16 und die FF Gütersloh stellte einen MAN 16.192 HAK in Dienst, der einen Kran- und Baggerausleger mit Schaufel und Greifer von Esser transportierte. Die Feuerwehrschule in Würzburg bestellte bei Metz einen SW 2000 auf MAN 11.168 HA-LF und ein Fahrzeug gleichen Typs, aber mit Aufbau von Schlingmann, wurde bei der FTZ

Auf diesen Seiten sind drei TLF der dänischen Privatfeuerwehr Falck aus den Jahren 1974 bis 1976 abgebildet. Alle drei Fahrzeuge haben das gleiche Fahrgestell, den in Deutschland nur für Drehleitern eingesetzten 13-tonner von MAN. Oben ist ein MAN 13.168 H-LF der Falckwache Randers zu sehen, der 1974 komplett von Metz geliefert wurde, ausgerüstet mit einer Metz-Pumpe (1600 l/min) und einem 2600 l fassenden Wassertank. Auf der rechten Seite oben ein Fahrzeug der Falckwache Köge auf dem MAN 13.192 H-LF mit einem Nielsen-Aufbau, einer Ruberg-Pumpe (2000 l/min) und einem 2500 l-Wassertank. Das Foto auf der rechten Seite unten zeigt einen MAN 13.192 H-LF aus Århus, der einen dreiteiligen Gerätekoffer von Nielsen erhalten hat. Wie alle Nielsen-Fahrzeuge, so führt auch dieses TLF eine Ruberg-Pumpe, der Tank hat ein Fassungsvermögen von etwa 2800 l

DE DANSKE REDNINGSKORPS
FALCK
13-192
JB 35 783

FALCK
REDNINGSKORPS
16-192

Ganze vier MAN-Hauber wurden zwischen 1975 und 1984 als TLF 24/50 verwendet. Das erste Exemplar (Foto oben) wurde 1975 von Ziegler für die FF Ansbach gebaut. Es war noch ein Vornormmodell mit der korrekten Bezeichnung TLF 24/55-5 (5500 l Wasser+500 l Schaum). Das MAN-Kipperfahrgestell mit der langen Haube hat zwei (!) unterschiedliche Typenbezeichnungen. Während außen am Kotflügel der Typ 16.240 angegeben wird, steht innen auf dem Typenschild 15.240. Wahrscheinlicher dürfte die Bezeichnung 16.240 HAK sein. Auf dem unteren Foto ist das Fahrzeug der FF Horn-Bad Meinberg von 1984 abgebildet. Bei diesem ebenfalls von Ziegler gebauten TLF 24/50 wurde der MAN 15.240 HAK verwendet, nun aber die leicht veränderte Variante mit der vergrößerten Frontscheibe. Der Aufbau ist eine Neukonstruktion mit geraden Seitenblechen, der sonst nur auf MB- und MAN-Frontlenker gebaut wurde

Die Fotos zeigen drei mittelschwere MAN-Rüstwagen RW 2 von unterschiedlichen Aufbauherstellern. Rechts ist ein MAN 11.168 HA-LF mit Bachert-Aufbau, der 1974 für die FF St.Georgen gebaut wurde

Hier ein Ziegler-Fahrzeug auf der Basis des MAN 11.192 HA-LF für die FF Soltau

Ein Einzelstück mit Schlingmann-Aufbau ist der MAN 11.192 HA-LF, der 1982 an die FF Bad Harzburg geliefert wurde

Für die FF Harlingerode baute Bachert 1982 ein TLF 16/25 auf MAN 11.192 HA-LF

Das letzte LF 16 auf MAN 11.192 HA-LF für die BF Nürnberg wurde 1984 bei Bachert gebaut

Hier sind zwei Beispiele für Fahrzeugumbauten aus den Werkstätten des Falck-Konzerns. Der schwere Tanker (Foto oben) ist gleich mehrfach umgebaut worden. Einem normalen MAN 13.168 H-LF wurde eine dritte Schleppachse angebaut und ein großer 11.000 l fassender Wassertank (von einem Öltanker) aufgesetzt. Das Fahrzeug der Falckwache Hilleröd existiert nicht mehr. Der alte MAN wurde ausgemustert und der große Tank zum dritten Mal auf ein neues Chassis, diesmal einen Mercedes, umgesetzt. Das untere Foto zeigt ein ehemaliges Nielsen-TLF auf MAN 13.168 H-LF von 1974, das von Falck zu einem Rüstwagen umgebaut worden ist und auf der Falckwache Köge stationiert wurde Foto oben: W. Doyle

37 m-Leitern wurden nur sehr selten auf MAN-Fahrgestelle aufgebaut. Dieses Exemplar baute Metz 1981 auf einen MAN 16.240 H. Empfänger des Fahrzeugs war abermals die BF Buenos Aires Foto: Metz

Die letzte Drehleiter auf MAN-Hauber für eine deutsche Feuerwehr lieferte Metz 1984 an die FF Horn-Bad Meinberg. Das Fahrgestell ist ein MAN 13.192 H-DL mit gekröpfter Vorderachse, wie es ihn sonst nur in Berlin und Lübeck gegeben hat

Die letzte und die größte jemals auf einen MAN aufgebaute Drehleiter, eine DLK 53, wurde Ende 1985 von Metz nach China exportiert. Als Untersatz wurde ein Spezialchassis des Typs MAN 22.240 H verwendet Foto: Metz

des Landkreises Vechta eingesetzt. Drei ganz ungewöhnliche Fahrzeuge erhielt die Feuerwehr des Frankfurter Flughafens von Ziegler, zwei GTLF 6000 und ein TroTLF 24/40/4, aufgebaut auf den schweren dreiachsigen Baustellenkipperchassis MAN 26.320 DHAK (6x6). Bei ausländischen Feuerwehren sind noch mehrere Metz-FLF für Argentinien hervorzuheben und der letzte Metz RKW 10 für Santa Fe, aufgebaut auf MAN 12.186 HA. Nach Südafrika gelangte der damals größte Gelenkmast, ein Simon SS 300 (30 m) auf einem schweren dreiachsigen MAN 26-tonner unbekannten Typs (möglicherweise 26.240 DH, 26.256 DH oder 26.280 DH). Schließlich verkaufte Rosenbauer noch acht TLF5000 auf MAN 15.240 H nach Jordanien.

Auch Drehleitern wurden recht zahlreich auf MAN-Fahrgestelle montiert, allein 23 Exemplare gingen zwischen 1973 und 1983 an die Feuerwehr Berlin. Von den 47 Drehleitern (DLK 30), die auf MAN 13.168 H-DL und 13.192 H-DL gebaut wurden, stammten 17 von Magirus (nur Berlin und Nürnberg), die übrigen Leitern waren von Metz, bestimmt für die Feuerwehren Schriesheim, Karlstadt, Usingen, Feuchtwangen, Eschborn, Backnang, Lübeck, Falck (Dänemark) u.a. Erwähnenswert ist, daß der MAN 13.168 H-DL bis auf eine Ausnahme (Falck) nur mit der großen Staffelkabine geliefert wurde, der MAN 13.192 H-DL bis auf eine Ausnahme (Mendoza, Argentinien) nur mit Truppfahrerhaus. Die letzte in Deutschland ausgelieferte Drehleiter auf MAN-Hauber war eine Metz DLK 23/12, die 1984 bei der FF Horn-Bad Meinberg in Dienst gestellt wurde. Danach baute Metz nur noch ein Leiterfahrzeug, das 1985 nach China exportiert wurde. Es war mit einer Steighöhe von 53 m die größte Drehleiter, die jemals auf einen MAN montiert wurde! Metz hat die siebenteilige Leiter mit Fahrstuhl und Korb auf ein Spezialchassis des Typs 22.240 H gesetzt. Zusammen mit zwei 1985 bei Metz (FF Salzgitter) und Rosenbauer (WF Nigeria) aufgebauten, aber erst 1986 in Dienst gestellten Löschfahrzeugen, war die chinesische Drehleiter das letzte Feuerwehrfahrzeug auf einem Haubenfahrgestell von MAN. Mit der Einführung der mittelschweren Frontlenker ab 1984 stellte MAN den Verkauf der Haubenchassis für die Feuerwehren ein. Lediglich die schweren zwei- und dreiachsigen Baustellenkipper wurden, bis zum endgültigen Aus für die MAN-Hauber im Frühjahr 1994, weiterhin angeboten.

Einst ein normaler Anblick, heute eine Seltenheit: ein kompletter Löschzug aus MAN-Haubenfahrzeugen. Noch 1997 standen diese drei MAN in der Falckwache in Randers im Einsatzdienst.

MAN-Haubenfahrgestelltypen bei deutschen Feuerwehren 1957–1984

Fahrgestelltypen (Radformel)	Radstände (mm)	Motortypen (PS)	Hubraum	Zylinder	zulässiges Gesamtgew.	Baujahre*
415 L 1 (4x2)	4200/4800	D 0026 M1 (115)	5891 ccm	R 6	9000 kg	1957–1962
415 L 1 A (4x4)	3600/4200	D 0026 M1 (115)	5891 ccm	R 6	9400 kg	1957–1962
520 L 1 (4x2)	4200/4800	D 0026 M2 (120)	5891 ccm	R 6	10.200 kg	1957–1962
520 L 1 A (4x4)	3600/4200	D 0026 M2 (120)	5891 ccm	R 6	10.200 kg	1957–1962
770 L 1 S (4x2)	3700	D 2146 M1 (172)	9659 ccm	R 6	14.000 kg	[E]1960
415 H (4x2)	4200/4800	D 0026 M1 (115)	5891 ccm	R 6	9000 kg	1962–1968
415 HA (4x4)	3600/4200	D 0026 M1 (115)	5891 ccm	R 6	9400 kg	1962–1968
520 H (4x2)	4200/4800	D 0026 M2 (120)	5891 ccm	R 6	10.200 kg	1962–1966
520 HA (4x4)	3600/4200	D 0026 M2 (120)	5891 ccm	R 6	10.200 kg	1962–1966
635 H (4x2)	4350/4900	D 0836 M2 (135)	7035 ccm	R 6	11.000 kg	1962–1966
635 HA (4x4)	3950/4350	D 0836 M2 (135)	7035 ccm	R 6	11.300 kg	1962–1966
770 H (4x2)	5200	D 2146 M1 (172)	9659 ccm	R 6	14.000 kg	[E]1964
770 HA (4x4)	4600	D 2146 M1 (172)	9659 ccm	R 6	14.600 kg	[E]1964
450 H-LF (4x2)	3600/4200	D 0836 HM7 (150)	7035 ccm	R 6	11.200 kg	1965–1972
450 HA-LF (4x4)	3600	D 0836 HM7 (150)	7035 ccm	R 6	11.200 kg	1965–1972
450 H-DL (4x2)	4800	D 0836 HM7 (150)	7035 ccm	R 6	11.600 kg	1965–1972
22.230 DHAK (6x6)	3825+1350	D 2356 HM2 (230)	10.620 ccm	R 6	28.700 kg	[E]1969
13.230 HAK (4x4)	4600	D 2356 HM2 (230)	10.689 ccm	R 6	16.000 kg	[E]1970
9.160 H (4x2)	5200	D 0846 HM2 (160)	7252 ccm	R 6	15.000 kg	[E]1971
9.168 HAK (4x4)	4300	D 0846 HMY (168)	7252 ccm	R 6	15.000 kg	[E]1972
11.168 H-LF (4x2)	4100	D 2555 M (168)	9204 ccm	R 5	11.500 kg	1972–1976
11.168 HA-LF (4x4)	3700/4100	D 2555 M (168)	9204 ccm	R 5	11.500 kg	1972–1976
13.168 H-DL (4x2)	5000	D 2555 M (168)	9204 ccm	R 5	13.000 kg	1972–1976
15.200 HAK (4x4)	4600	D 2556 M (200)	11.045 ccm	R 6	15.000 kg	[E]1973
16.256 HA (4x4)	5200	D 2156 MTX (256)	10.344 ccm	R 6	16.000 kg	[E]1973
11.136 HAK (4x4)	4100	Saviem 797	5488 ccm	R 6	11.000 kg	[E]1974
11.192 H-LF (4x2)	4100	D 2555 MX (192)	9204 ccm	R 5	11.500 kg	1974–1976
11.192 HA-LF (4x4)	3700/4100	D 2555 MX (192)	9204 ccm	R 5	11.500 kg	1974–1976
13.192 H-DL (4x2)	5000	D 2555 MX (192)	9204 ccm	R 5	13.000 kg	1974–1976
26.320 DHAK (6x6)	3850+1350	D 2538 MT (320)	12.763 ccm	V 8	28.000 kg	1974–1980
16.240 HAK (4x4)	4600	D 2566 M (240)	11.413 ccm	R 6	16.000 kg	1975–1981
15.240 HAK (4x4)	4300/4600	D 2566 M (240)	11.413 ccm	R 6	15.000 kg	1976–1984
16.200 HAK (4x4)	4600	D 2556 M (200)	11.045 ccm	R 6	16.000 kg	[E]1976
16.200 H (4x2)	4600	D 2556 M (200)	11.045 ccm	R 6	16.000 kg	[E]1976
11.168 H-LF (4x2)	4100	D 2565 M (168)	9511 ccm	R 5	12.000 kg	1977–1981
11.168 HA-LF (4x4)	3700/4100	D 2565 M (168)	9511 ccm	R 5	12.000 kg	1977–1981
13.168 H-DL (4x2)	5000	D 2565 M (168)	9511 ccm	R 5	13.800 kg	1977–1981
11.192 H-LF (4x2)	4100	D 2565 MX (192)	9511 ccm	R 5	12.000 kg	1977–1983
11.192 HA-LF (4x4)	3700/4100	D 2565 MX (192)	9511 ccm	R 5	12.000 kg	1977–1984
13.192 H-DL (4x2)	5000	D 2565 MX (192)	9511 ccm	R 5	13.800 kg	1977–1984
16.192 H (4x2)	4600	D 2565 MX (192)	9511 ccm	R 5	16.000 kg	1979–1981

* Der Zeitraum der Baujahre bezieht sich nur auf die Verwendung als Feuerwehr-Fahrgestell
[E] = Einzelexemplar

Eigenumbauten der Feuerwehren

Ein zwangloser Bilderbogen

von Udo Paulitz

Unter diesem Thema sollen hier beispielhaft einige, in der Literatur eher stiefmütterlich behandelte, ältere Fahrzeuge vorgestellt werden. Früher gab es Eigenumbauten bei fast jeder Wehr diese sich aus ehemaligen Armee-, Polizei oder beliebigen Modellen ziviler Verwendung rekrutierenden Fahrzeuge. In Eigenleistung der Wehren oder durch kleinere örtliche Handwerksbetriebe wurden die Gefährte nach den speziellen Vorstellungen und Bedürfnissen der jeweiligen Feuerwehren umgerüstet. Diese in den fünfziger und sechziger Jahren auch bei größeren Wehren weit verbreitete Fahrzeugkategorie war auch ein Indiz für die Not der Nachkriegsjahre, als neue Fahrzeuge nur beschränkt verfügbar waren und man sich daher mit Provisorien behelfen mußte. Für kleinere, weniger finanzkräftige Wehren war ein solches Fahrzeug oftmals das erste Motorfahrzeug überhaupt. Fast jedes Fahrzeug war ein Unikat und daher einzigartig. Heute sind diese Modelle selten geworden, aber es erstaunt trotzdem, auf welch lange Einsatzzeiten manche dieser ursprünglich nur für eine Übergangszeit vorgesehenen Fahrzeuge zurückblicken können.

Unimog 411 als Rüstfahrzeug mit Kastenaufbau, der durch Eigenumbau in den sechziger Jahren entstanden war. Das 1958 gebaute Fahrgestell verfügte über ein Vierzylinder-Dieseltriebwerk mit 30 PS und wurde von der Betriebsfeuerwehr einer österreichischen Papierfabrik eingesetzt

Noch aus der Kriegszeit stammt das zweieinhalb Tonnen schwere Fahrgestell des GMC CCKW 353 (6x6)-Armeelastwagens, das in den fünfziger Jahren zu einem Löschfahrzeug/MTW umgebaut worden war. Bis zum heutigen Tag befindet sich dieser imposante Dreiachser bei der niederländischen Brandweer Helden als Museumsfahrzeug im Einsatz

Dieser 1942 gebaute US-Kranwagen des Typs Ward La France M1 A1 war 1984 Einsatzfahrzeug bei der Feurwehr Sarreguemines/Frankreich. Das Fahrzeug besaß eine 5-t-Krananlage, Vorbauseilwinde, sowie ein Sechszylinder-Vergasertriebwerk mit 8210 cm^3 Hubraum und 145 PS

Für extreme Geländebeanspruchung besonders geeignet ist dieses Steyr-Puch-Pinzgauer 718-Löschfahrzeug, das bei einer Löschgruppe der Freiwilligen Feuerwehr Rottach-Egern für Fahrten in schwer zugänglichen Gegenden benötigt wird. Das 105 PS starke, 1990 gebaute allradgetriebene Fahrzeug ist unter anderem mit einer TS 8/8 und 150 m Schlauchmaterial ausgerüstet und wurde von der österreichischen Firma Empl ausgebaut

Aus einem Instandsetzungstruppwagen des Bundesgrenzschutzes von 1962 auf Hanomag AL 28 mit Aufbau der Firma Kanneberg/-Bückeburg entstand durch Eigenumbau durch die Freiwillige Feuerwehr Eggstädt, Löschzug Aham, dieses geländegängige Tragkraftspritzenfahrzeug

Aus den Beständen der amerikanischen Streitkräfte stammt dieser Dodge T 214 WC-Geländewagen des Baujahrs 1940, der noch 1986 als MTW/TSF von der Freiwilligen Feuerwehr Altenerding eingesetzt wurde und sich in bestem Erhaltungszustand befand

Als Funkwagen bei der Bereitschaftspolizei Rheinland-Pfalz diente ursprünglich dieser Hanomag AL 28 ALAS von 1965, den die Freiwillige Feuerwehr Kelberg/Eifel zu einem TSF/MTW umgerüstet hatte

Eine mechanische Metz-DL 22 von 1943, die 1969 nach Außerdienststellung des ursprünglichen Trägerfahrgestells auf ein noch brauchbares Chassis eines ehemaligen Müllwagens des Typs Mercedes-Benz LP 311/36 gesetzt wurde. Die Drehleiter wurde zu Beginn der achtziger Jahre bei der Freiwilligen Feuerwehr Kaarst bei Neuss ausgemustert

Spezialitäten aus Österreich

Rosenbauer-Sonderlöschfahrzeuge in Deutschland

von Michael Steinbock

Nur verhältnismäßig wenige dieser Feuerwehrfahrzeuge werden jedes Jahr in der Bundesrepublik Deutschland beschafft. Dennoch sind es immer wieder die Sonderlöschfahrzeuge, die für Aufsehen in der Feuerwehrbranche sorgen. Sie überzeugen oftmals durch innovative Technologien beim Feuerwehrfahrzeugbau, durch außergewöhnliche Lösungen in der Konzeption oder einfach durch Löschmittelmengen und -zusammenstellungen, die weit über das übliche Maß hinaus gehen. Motor für die Entwicklungen von Sonderlöschfahrzeugen sind Kunden, meist Werkfeuerwehren oder Flughafenfeuerwehren, die aufgrund spezifischer Gefahrenpotentiale einer besonderen Lösung bedürfen, die mit herkömmlichen „Norm-Löschfahrzeugen" nicht zu erreichen ist. Somit ist es auch zu erklären, daß fast jedes Sonderlöschfahrzeug ein Unikat ist, nämlich die Umsetzung des jeweiligen kundenspezifischen Wunsches in die Praxis.

Ein Name ist mit dem Bau von Sonderlöschfahrzeugen fest verbunden: die in Leonding/Österreich ansässige Firma Rosenbauer International AG ist der Marktführer im Bau dieser Fahrzeuge und darauf

HTLF 3900/1000, Werkfeuerwehr Knoll AG, Minden, Baujahr 1995, MAN-Fahrgestell 19.372 FK mit Nachlauflenkachse, Normaldruckpumpe mit einer Leistung von 4000 l/min bei 10 bar, 2900 Liter Wasser und 1000 Liter Schaummittel, Pulverlöschanlage mit 1000 kg BC-Löschpulver, manueller Schaum-/Wasserwerfer mit einer Leistung bis 2400 l/min bei 10 bar, Schnellangriffseinrichtungen für Wasser und Pulver, Lichtmast mit 4 Scheinwerfern je 1000 Watt

spezialisiert, auch außergewöhnliche Lösungen umzusetzen. Fast jedes in Deutschland im Dienst befindliche Sonderlöschfahrzeug wurde und wird von diesem Hersteller geliefert.

Grund genug für mich, ein Buch über diese Spezies von Feuerwehrfahrzeugen zu schreiben. Das Werk mit dem Titel „Rosenbauer-Sonderlöschfahrzeuge in Deutschland" stellt auf 344 Seiten über 152 Sonderlöschfahrzeuge der siebziger, achtziger und neunziger Jahre vor. Da ich allerdings die sonst übliche Form der Darstellung von Löschfahrzeugen mit meist nur einem Bild für diese Fahrzeuge als nicht befriedigend erachte, wird in dem Buch jedes Sonderlöschfahrzeug mit fünf Bildern vorgestellt. Somit

TLF 8000, Werkfeuerwehr VEAG, Kraftwerk Boxberg, Baujahr 1995, Mercedes-Benz-Fahrgestell 2031 AF, durch Nachlauflenkachse auf 25000 kg zulässiges Gesamtgewicht aufgelastet, Mannschaftsraum im Aufbau integriert, kombinierte Normaldruck-/Hochdruckpumpe mit einer Leistung von 4000 l/min bei 10 bar bzw. 250 l/min bei 40 bar, Schaumzumischsystem mit separater Schaummittelpumpe, 7000 Liter Wasser und 2000 Liter Schaummittel, Schaum-/Wasserwerfer mit einer Leistung von 2400 l/min bei 10 bar, Bedienung durch Kabelfernsteuerung, Bodensprühdüsen unter der vorderen Stoßstange, Lichtmast mit 4 Scheinwerfern je 1000 Watt, Beladung unter anderem zur technischen Hilfeleistung

FLF 4300/250/60, Flughafen Schwerin-Parchim, Baujahr 1996, Mercedes-Benz-Fahrgestell 1831 AK, Normaldruckpumpe mit einer Leistung von 3000 l/min bei 10 bar, 4000 Liter Wasser und 300 Liter Schaummittel, Pulverlöschanlage mit 250 kg BC-Pulver, CO_2-Löschanlage mit 60 kg Inhalt, Schaum-/Wasserwerfer mit einer Leistung von 2000 l/min bei 10 bar, die Bedienung erfolgt elektronisch aus dem Fahrerhaus

ist es auch möglich, Einblicke in die Geräteräume und die Dachbeladung zu bekommen. Alle Bilder sind durchgängig in Farbe.

Ergänzt wird diese Darstellungsform durch eine Kurzinformation zu Standort und Aufgabe des jeweiligen Fahrzeugs, ausführlichen technischen Daten sowie in den meisten Fällen auch einer technischen Zeichnung. Kleinere Kapitel befassen sich mit der Geschichte des Rosenbauer-Konzerns, der Entwicklungsgeschichte der Simba- und Panther-Flugfeldlöschfahrzeuge und der Aufbautechnik in Aluminiumtechnologie (AT). In einem weiteren Kapitel werden die am häufigsten benutzten Komponenten wie Feuerlöschkreiselpumpen, Schaumzumischsysteme und Schaumwasserwerfer detailiert vorgestellt. Abgerundet wird das Werk durch eine Aufstellung aller seit 1965 von Rosenbauer nach Deutschland gelieferten Feuerwehrfahrzeuge mit Standort, Fahrgestellbezeichnung und Baujahr.

Um einen Vorgeschmack auf den Inhalt zu geben, stelle ich zehn relativ unbekannte Rosenbauer-Sonderlöschfahrzeuge der letzten Jahre in Kurzform vor. Bei der Bezeichnung der Fahrzeuge handelt es sich um die Projektbezeichnung der Firma Rosenbauer. ULF = Universallöschfahrzeug, FLF = Flugfeldlöschfahrzeug, SLF = Schaumlöschfahrzeug.

ULF 7000/1000/90, Werkfeuerwehr DEA-Raffinerie, Wesseling, Baujahr 1996, MAN-Fahrgestell 27.343 DFC, Normaldruckpumpe mit einer Leistung von 6000 l/min bei 10 bar, Schaumzumischsystem mit separater Schaummittelpumpe, 3000 Liter Wasser und 4000 Liter Schaummittel, Pulverlöschanlage mit 1000 kg Pulver, CO_2-Löschanlage mit 90 kg Inhalt, Schnellangriffseinrichtungen für Wasser, Pulver und CO_2, Schaum-Wasserwerfer mit einer Leistung von 4000 l/min bei 10 bar, Pulverwerfer mit einer Leistung von 40 kg/s, beide Werfer werden mit einer Kabelfernsteuerung bedient, Lichtmast mit 4 Scheinwerfern je 1000 Watt

TLF 8500, Werkfeuerwehr Wintershall-Raffinerie, Lingen, Baujahr 1997, MAN-Fahrgestell 27.403 DFAC, Normaldruckpumpe mit einer Leistung von 6500 l/min bei 8 bar, Schaumzumischsystem mit separater Schaummittelpumpe, 5000 Liter Wasser und 3500 Liter Schaummittel, zwei Schaum-/Wasserwerfer mit einer Leistung von 2500 l/min bzw. 6000 l/min bei 10 bar, die Bedienung beider Werfer erfolgt durch eine Kabelfernsteuerung, Lichtmast mit 4 Scheinwerfern je 1000 Watt

SLF 9600, Werkfeuerwehr Shell-Raffinerie, Köln, zwei annähernd baugleiche Fahrzeuge, Baujahr 1997, MAN-Fahrgestell 26.343 FNLC, Normaldruckpumpe mit einer Leistung von 6500 l/min bei 8 bar, Schaumzumischsystem mit separater Schaummittelpumpe, 2400 Liter Wasser und 7200 Liter Schaummittel, zwei Schaum-/Wasserwerfer mit einer Leistung von 2500 l/min bzw. 6000 l/min bei 10 bar, beide Werfer sind mit einer pneumatischen Hubvorrichtung versehen und werden mit einer Funkfernbedienung gesteuert, Seilwinde mit einer Leistung von 50 kN

FLF 9000 „Buffalo", Flughafen Mönchengladbach, Baujahr 1997, MAN-Fahrgestell 27.403 DFAEC, Normaldruckpumpe mit einer Leistung von 6000 l/min bei 10 bar, 8000 Liter Wasser und 1000 Liter Schaummittel, Dachwerfer mit einer Leistung von 4000 l/min bei 10 bar, Frontwerfer mit einer Leistung von 1000 l/min bei 10 bar, Bodensprühdüsen vor den Achsen, beide Fahrzeuge sind baugleich, das Fahrzeug F1 führt zusätzlich eine Pulverlöschanlage mit 250 kg BC-Pulver mit

ULF 3000/1000/1000, Werkfeuerwehr EKO-Stahlwerk, Eisenhüttenstadt, Baujahr 1997, Mercedes-Benz-Fahrgestell 1827 F, kombinierte Normaldruck-/Hochdruckpumpe mit einer Leistung von 3000 l/min bei 8 bar bzw. 250 l/min bei 40 bar, 3000 Liter Wasser und 1000 Liter Schaummittel, Pulverlöschanlage mit 1000 kg BC-Löschpulver, Schnellangriffseinrichtungen für Wasser und Pulver, Schaum-/Wasserwerfer mit einer Leistung von 2500 l/min bei 10 bar, Kabelfernsteuerung

TLF 4000, Werkfeuerwehr Lausitzer Braunkohle AG, Schwarze Pumpe, Baujahr 1997, Mercedes-Benz-Fahrgestell Unimog U 2150 L, kombinierte Normaldruck-/Hochdruckpumpe mit einer Leistung von 3000 l/min bei 8 bar bzw. 200 l/min bei 40 bar, 3500 Liter Wasser und 500 Liter Schaummittel, Schaum-/Wasserwerfer mit einer Leistung von 2500 l/min bei 10 bar, der Werfer ist mit einer pneumatischen Hubvorrichtung versehen und kann sowohl aus der Kabine als auch mit einer Kabelfernsteuerung bedient werden, Lichtmast mit 4 Scheinwerfern je 1000 Watt, ein zweites baugleiches Fahrzeug ist zusätzlich mit einer Seilwinde ausgestattet

SLF 4200 Tikko, Werkfeuerwehr BASF, Ludwigshafen, Baujahr 1998, MAN-Fahrgestell 19.343 FLLC, Normaldruckpumpe mit einer Leistung von 4000 l/min bei 10 bar, Weißöl-Pumpe mit einer Leistung von 100 l/min, 1000 Liter Wasser, 2000 Liter Schaummittel und 1200 Liter Weißöl, CO_2-Löschanlage mit 750 kg Inhalt, Schnellangriffseinrichtungen für CO_2 und Weißöl, das Weißöl wird zum Abdecken von rauchenden Säuren eingesetzt

TLF 2000, Werkfeuerwehr Henkel KGaA, Düsseldorf, Baujahr 1998, MAN-Fahrgestell 18.264 MC, kombinierte Normaldruck-/Hochdruckpumpe mit einer Leistung von 4000 l/min bei 10 bar bzw. 250 l/min bei 40 bar, 2000 Liter Wasser, Lichtmast mit 4 Scheinwerfern je 1000 Watt, umfangreiche Beladung für die technische Hilfeleistung

ULF 5500/750, Werkfeuerwehr Allied Signal Riedelde Haen, Seelze, Baujahr 1998, MAN-Fahrgestell 18.264 LC, kombinierte Normaldruck-/Hochdruckpumpe mit einer Leistung von 4800 l/min bei 8 bar bzw. 250 l/min bei 40 bar, 4000 Liter Wasser und 1500 Liter Schaummittel, Pulverlöschanlage mit 750 kg BC-Löschpulver, Schnellangriffseinrichtungen für Wasser und Pulver, Schaum-/ Wasserwerfer mit einer Leistung von 2400 l/min bei 10 bar, der Werfer ist mit einer pneumatischen Hubvorrichtung ausgestattet und wird mit einer Kabelfernsteuerung bedient

FLF 9000/1000 „Buffalo", Flughafen Paderborn-Lippstadt, Baujahr 1999, MAN-Fahrgestell 27.603 DFAEX mit modularem Fahrerhaus aus der MAN-Militärfahrzeugserie, Normaldruckpumpe mit einer Leistung von 6000 l/min bei 10 bar, 9000 Liter Wasser und 1000 Liter Schaummittel, Dachwerfer mit einer Leistung von 5000 l/min bei 10 bar, Frontwerfer mit einer Leistung von 1000 l/min bei 10 bar, Bodensprühdüsen vor den Achsen

Fordern Sie kostenlos und völlig unverbindlich unseren neuesten Prospekt an!

- Feuerwehrfahrzeuge
- Baumaschinen
- Traktoren
- Lastwagen
- Autos
- Motorräder

Verlag Podszun-Motorbücher
Postfach 1525, D-59918 Brilon
Fax 02961 / 2508

144 Seiten, fester Einband
DM 39,80 SFr 39,80 ÖS 309,00

126 Seiten, fester Einband
DM 48,00 SFr 46,00 ÖS 380,00

310 Seiten, fester Einband
DM 88,00 SFr 84,00 ÖS 687,00

144 Seiten, Leinenbroschur
DM 29,80 SFr 29,80 ÖS 232,00

144 Seiten, Leinenbroschur
DM 29,80 SFr 29,80 ÖS 232,00

220 Seiten, fester Einband
DM 68,00 SFr 65,00 ÖS 529,00

118 Seiten, fester Einband
DM 39,80 SFr 39,80 ÖS 309,00

160 Seiten, fester Einband
DM 48,00 SFr 48,00 ÖS 380,00